U0572380

云南省文物考古研究所学术丛书

云南古代官印集释

肖明华　著

文物出版社

封面设计：程星涛

责任印制：陈　杰

责任编辑：陈　峰

图书在版编目（CIP）数据

云南古代官印集释／肖明华著．—北京：文物出版社，
2015.3

ISBN 978 - 7 - 5010 - 4144 - 2

Ⅰ.①云…　Ⅱ.①肖…　Ⅲ.①古印（考古）–研究–
云南省　Ⅳ.①K877.64

中国版本图书馆 CIP 数据核字（2014）第 255350 号

云南古代官印集释

肖明华　著

＊

文 物 出 版 社 出 版 发 行

北京市东直门内北小街 2 号楼

（邮政编码　100007）

http：//www.wenwu.com

E-mail：web@wenwu.com

北京宝蕾元科技发展有限责任公司制版

北京鹏润伟业印刷有限公司印刷

新 华 书 店 经 销

787×1092　1/16　印张：18

2015 年 3 月第 1 版　2015 年 3 月第 1 次印刷

ISBN 978 - 7 - 5010 - 4144 - 2　定价：240.00 元

1. 滇王之印　金　西汉

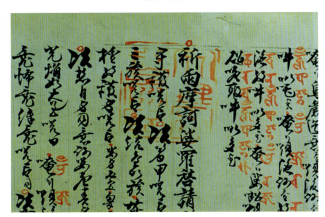

2. 大理国督爽印
宋

3. 南夷长史　铜　晋代

1.澜沧卫军民指挥使司左千户所百户印

铜　明洪武二十九年

2.大理卫中前千户所百户之印

铜　明洪武十七年

3.大理卫左前千户所百户之印

铜　明洪武十七年

4.楚雄卫后千户所百户印

铜　明洪武十五年

1.敕命之宝

玉　南明

2.太平府印

铜　明万历四十三年

3.贵州卫经历司印

铜　南明永历十一年

1.落台驿记

铜　南明永历十二年

2.勇卫前营总兵官关防

铜　南明永历四年

3.镇朔坐营总兵关防

铜　南明永历十年

4.征调汉土关防

铜　南明永历十二年

1.云南分巡迤西兵备兼管水利道之关防
铜 清代

2.云南曲寻副将关防
铜 清乾隆叁拾玖年

3.云南提督总兵官印
银 清咸丰十一年

5.昆明县印
铜 清嘉庆二十一年

4.云南开化镇中营分
防马白关游击关防
铜 清光绪十二年

1.都督之篆

铜　杜文秀戊午年

2.东路前将军篆

铜　杜文秀戊午年

3.行营冀长之篆

铜　杜文秀己未年

4.智勇后先锋篆

铜　杜文秀辛酉年

1.狮图案——刀学林印

木 民国

2.孔雀图案印

木 民国

3.召叭竜拉鲊翁沙印

木 民国

4.狗图案印

石 民国

5.日月山河图案印

象牙 清

6.车里宣慰司印

木 清末

7.云南思茅厅车里宣慰司之印

木 民国

1.建水县溪处土司之印

金包木 民国

2.石屏县思陀土司之印

金包木 民国

3.临安县溪处土司之印

木 民国

4.临安县纳楼乐善永顺二里及江外

三猛地方土司印 银包木 民国

目　录

附图目录

云南古代官印概述

我国使用印章的历史已有数千年之久。早在新石器时代，人们就用石或陶制成图案印模，打在陶坯上，作为陶器的装饰或标志，从广义上说，这种专门用来压印图案的印模就是最早的印章，不过当时的人们不一定叫它印章罢了。这种印模在我省已发掘的新石器时代遗址中已有发现，如元谋大墩子新石器时代遗址出土有三件，其图案为方格纹①。宾川白羊村新石器时代遗址出土有一件，形状不规则，印面刻斜方格纹，与所出陶器纹饰相同②。云县忙怀、麻栗坡小河洞遗址也各出土一件③。

作为人们交往的凭信物和权力象征的印章即官印，则是随着私有制和国家的产生而出现的。《周礼》载："货贿用玺节。"注曰："玺节者，今之印章也。"④《左传》襄公二十九年说："季武子取卞，使公冶问，玺书追而与之。"玺书就是盖有印封发的官文，这就说明，印章至少在周代就已产生。考古发现，最早的官印是春秋战国时期的三方印章，即"夏虚都司徒"、"夏虚都左司马"、"夏虚都承"，前者是青铜质，鼻纽，阴文，方印，印边长 2.2 厘米⑤。据考古发现和文献记载，云南最早的官印当是西汉印，即晋宁石寨山出土的"滇王之印"⑥，还有传世的"益州太守章"封泥⑦。自此以后，云南的官印就屡有发现。

据其印章形制的发展，云南古代官印分为汉、晋，唐、宋和元、明、清等三个时期。按其使用的对象和管理的范围，分为中央颁发的官印和地方政权颁发的官印。不论是中央颁发的官印或地方政权颁发的官印，它们都是权力的象征和行使权力的凭信物，是历代国家对云南进行管辖的物证，折射着深刻的历史背景和时代特点。

---

① 云南省博物馆：《元谋大墩子新石器时代遗址》，《考古学报》1977 年 1 期。

② 云南省博物馆：《云南宾川白羊村遗址》，《考古学报》1981 年 3 期。

③ 云南省文物工作队：《云南云县忙怀新石器时代遗址调查》，《考古》1977 年 3 期。《云南麻栗坡小河洞新石器遗址》，《云南文物》1983 年，总第 14 期。

④ 《周礼·司徒教官之职·掌节》。

⑤ 史树青：《从夏虚都三玺谈夏朝的都城》，《光明日报》1978 年 2 月 10 日。

⑥ 云南省博物馆：《云南晋宁石寨山古墓群发掘报告》，文物出版社，1959 年。

⑦ 吴式芬、陈介祺合辑：《封泥考略》。

一　汉、晋官印

早在汉以前，作为西南夷大部分的云南就与内地有着政治、经济和文化的关系。前316年，秦置巴、蜀、汉中三郡，原来臣服于蜀的今云南境内的丹、犁两个部落就接受了秦的统治。前285年，秦蜀郡太守张若取得了今四川盐源、盐边和云南的华坪、永胜、宁蒗的筰地和今金沙江南岸的丽江、大姚、元谋一带地区，已把秦的势力扩展到了今云南的北部。

秦始皇统一全国后，开始了对云南的开发。秦遣常頞继续开凿蜀郡李冰开凿的、由今宜宾到滇东北的僰道，从而修通了宜宾至今云南曲靖附近的五尺道。

汉沿秦制。前135年，汉置犍为郡，其范围已达今云南的昭通、曲靖以东地区。前111年，置牂牁郡、越嶲郡。前109年，汉武帝以兵临滇，滇王降汉，置益州郡，置24县，并封滇王为王，赐滇王金印为凭。以上四郡的设立，使今云南的大部地区置于郡县制度的管辖之下，云南从此纳入了全国的统一行政建制中。东汉王朝在西汉的基础上，于69年，增置了永昌郡。至此，两汉在云南共置43县。

三国时期，云南归蜀管辖。魏晋时期，晋朝对云南的管辖，是在三国所置郡县的基础上，在郡之上增设一级机构，即州。所置有益州和宁州。宁州统建宁、兴古、云南、永昌等四郡。益州所统五郡仅朱提在今云南境内。282年，罢宁州置南夷校尉，兼统五十八部夷族。303年，又复置宁州，增统越嶲、朱提、牂牁等三郡，使宁州成为一大行政区，并延续至南北朝。

本书收集的云南汉、晋时期的官印有出土者、传世者和见于著录者[①]，其印有王、太守、令、长、宰、尉、左尉、右尉、丞、长史、牙门将等。这些官职名与内地官职名相同，印章也与内地印章相同，印文字体也与内地印文字体相同，官名、印章和印文字体的相同性充分说明，汉晋时期，云南的政治建制与内地的政治建制是一致的，它们是汉晋时期中央在云南推行郡县制度和行使行政管辖的物证。

由已见到的汉晋官印看，这时期的印章体形小，如"滇王之印"金印，边长仅2.4厘米。印的形状都是方印。纽有蛇纽、鼻纽。印文是白文汉篆，字有刻有铸，字体整齐，典雅。

汉晋印的称呼继承了秦制，并有发展。卫宏《汉旧仪》载，秦以前，民皆以金、银、犀、象为方寸玺。秦统一六国以后，规定只皇帝的印称玺，其他官吏的印章只能称印。汉代，官印又发展称为章，并且按官职的高低分为"玺"、"章"、"印"等三

---

① 云南省博物馆：《云南晋宁石寨山古墓群发掘报告》，文物出版社，1959年。孙太初：《云南古代官印集释》，《中国考古学会第二次年会论文集》，文物出版社，1982年。

类，后两种已见于云南官印中，如"益州太守章"、"滇王之印"。在云南汉晋官印中，还有在印文中不称印、章而只有官名者，如"存䮈左尉"和"南夷长史"等印。

印章的使用方法是打在泥上，叫封泥或泥封。这种方法可追溯到新石器时代，那时，人们用印模在陶器上压印图案，以装饰陶器。进入阶级社会以后，人们为表示贡纳物品、竹木简公文、私人交往物件的真实性，便在物品上结绳，在绳结上捏上泥，在泥上盖上印，启封以此为凭。这种方法是新石器时代在陶器上压印图案方法的发展，并且延续到唐代，云南官印中的"同并尉印"、"朱提长印"、"南广尉印"等就是例证（图一）。

云南是一个多民族聚居的地区，为切实有效地对这一地区实行管辖，汉晋王朝还施行所谓的"羁縻"政策，这在已知的官印中已有反映，如封授土人滇王为王、赐王印为凭，以长其民，置益州郡，颁发"益州太守章"为凭，以管其地。又如在少数民族多的建伶县设立民族县，颁发"建伶道宰"印为凭，道是少数民族县之称，即所谓"蛮夷"之县叫道，其县令、长叫宰。

二 唐、宋官印

唐朝官印仅见到"云南安抚使印"① 封泥一方，文献记载"元和册南诏印"一方。宋代官印仅见"大理国督爽印"印文一方，虽然数量少，但也反映了唐宋时期云南地方政权的职官情况和中央与云南地方政权的关系。

唐朝开国初，在云南复置南宁州，后改南宁州都督为郎州都督。651 年，罢郎州都督府，更置戎州都督。664 年，新置姚州都督府。737 年，南诏统一了六诏，建立了地方政权，唐朝册封南诏王皮罗阁为"云南王"，后又册封为"南诏"，并设立了云南安抚使管理云南事。"元和册南诏印"和"云南安抚使印"就反映了这一时期唐朝与南诏的关系。

937 年，段思平建立了大理政权，沿袭了南诏疆域，置八府四郡三十七部。1117 年，宋朝封大理王段和誉为"金紫光绿大夫、检校司空、云南节度使、上柱国、大理国王"②。"大理国督爽印"就是这一政权所置职官之官印，反映了其政权职官的一些情况。

南北朝、隋唐、宋代，随着中央集权制国家机构的变化，也带来了官印的发展。官印出现了以行政机构名称为印文的官印，如南齐"永兴郡印"，隋"广纳府印"，"观阳县印"，唐"涪娑县之印"、"蒲类州之印"、宋"新浦县新铸印"、"建炎宿州州

---

① 中国科学院考古研究所编：《唐长安大明宫》，科学出版社，1959 年。

② 《宋史·卷四百八十八·大理》。

院朱记"。官印体形也增大，唐方印边长增至 5～6 厘米，如"云南安抚使印"，边长5.2 厘米。纽开始有方柱形。印背加刻年款铭文。宋代，印文字体还使用不易辨认的阳文九叠篆书，显得神秘，印背所刻铭文多是铸造机构、年款、印文等。南宋，印文又使用楷书字体。

唐宋时期，官印印文中，除见称"印"外，还出现了称"记"、"朱记"者，但未见于云南官印中。皇帝用印的称呼也有改变。《唐书·舆服志》载：延载元年（694年），武后命改"玺"称"宝"，中宗又复称"玺"。玄宗又称"宝"，从此以后，玺、宝并用。

随着纸张的广泛应用，印章的使用方法也有了改变。《魏书·卢同传》载："肃宗世（北魏孝明帝，516～528 年）……令本曹尚书以朱印印之。明造两通，一关吏部，一留兵局，与奏按对掌。进则防揩洗之伪，退则无改易之理。……仰本军印记其上，然后印缝各上所司，统将、都督并皆印记，然后列上行台。行台关太尉，太尉检练精实，乃始关刺省重究括，然后奏申。奏出之日，黄素朱印，关付吏部。"由此记载说明，北魏已用印色打印了。迄今见到的实物是保存在甘肃敦煌石室藏古写《杂阿毗昙心论》残卷末和经卷背上的南齐"永兴郡印"朱印。在云南，是保存在大理国保天八年（1136 年）经卷上的"大理国督爽印"朱印。自此以后，打封泥的方法就逐渐废止。

三　元、明官印

所收元、明官印中，多数印是出土[①]，少部分是传世，其中有军民官、府、州、宣慰司、长官司、州驿、僧正司、卫经历司、千户所、百户所等官印，这些官印反映了元、明王朝对云南的管辖和官印的历史特点。

1206 年，元朝建立。1255 年平定云南。1274 年，忽必烈派赛典赤·赡思丁以"平章政事行云南中书省事"的官衔来云南建立行省，置路、府、州、县。路设总管，府设知府，州设知州，县设县令或县尹，共设"路三十七，府二，属府三，属州五十四，属县四十七，其余甸寨军民等府不在此数。"[②] 云南从此成为行省一级区划名称，元的建制一改前人所为，始创一新局面，为后代所继承。

元朝颁给云南的官印仅见到一方，印文是用蒙古文（八思巴文）入印，印背刻楷书铭文，铭文内容是年款、铸印机构、印文。印形是方印，纽是直纽[③]，呈长方柱形。

---

① 萧明华：《云南昆明五华山出土明代官印》，《文物》1999 年 7 期。杨益清：《云南大理发现一批明代官印》，《文物》1986 年 7 期。

② 《元史·卷六十一·地理四》。

③ 形状呈柱形的纽称为直纽。所见官印中，有的呈椭圆柱形，有的呈圆柱形，有的呈扁柱形。

明朝建立后，1382 年，在云南建立了云南都指挥使司和云南布政使司以管理云南。在少数民族聚居地区建立和完善土司制度，设立宣慰司、宣抚司、安抚司、长官司等。在其他地区实行府卫参设的措施，共在今云南境内置府二十三，卫二十，还在关津险要之地设立巡检司。

明朝，封建专制的中央集权制国家有了进一步发展，象征权力的官印更加威严，印章的体形更大，并据官品高低而有所别。《明史·舆服志》载，明初宝玺十七，其中有"敕命之宝"，嘉靖十八年，新制七宝，与国初宝玺共为御宝二十四，尚宝司官掌之。洪武初，铸印局铸中外诸司印信。正一品，银印，三台，方三寸四分，厚一寸。六部、都察院并在外各都司，俱正二品，银印二台，方三寸二分，厚八分。其余正二品、从二品官，银印二台，方三寸一分，厚七分。其余正三品、从三品官，俱铜印，方二寸七分，厚六分。正四品、从四品，俱铜印，方二寸五分，厚五分。正五品、从五品，俱铜印，方二寸四分，厚四分五厘。在外各州从五品，铜印，方减一分，厚减五厘。正六品、从六品，俱铜印，方二寸二分，厚三分五厘。正七品、从七品，铜印，方二寸一分，厚三分。正从八品，俱铜印，方二寸，厚二分五厘。正从九品，俱铜印，方一寸九分，厚二分二厘。未入流者，铜条记，阔一寸三分，长二寸五分，厚二分一厘。以上俱直纽，九叠篆文。初，杂职亦方印，至洪武十三年始改条记。武臣受重寄者，征西、镇朔、平蛮诸将军，银印，虎纽，方三寸三分，厚九分，柳叶篆文。其他文武大臣，有领敕而权重者，或给以铜关防，直纽，广一寸九分五厘，长二寸九分，厚三分，九叠篆文①。据此记载看，明朝官印主要是以官品高低而有所别。

所收明朝的官印印形分为方形和长方形，印文是阳文九叠篆书，字体规整，神秘难懂。官印的管理也更加严格，除在印背和两侧刻铸造机构、印文、日期等铭文外，还刻编号。印文内容除以官名入印外，多以行政机构名称入印。

官印的名称也更为复杂，不同级别的官用不同的名称，皇帝用"宝"，如"敕命之宝"玉玺，杂职官用"条记"。总督、巡抚、镇守、公差等官用"关防"，府、州、县、卫、所，宣慰司、宣抚司、长官司等用印，其他还有用"图记"者，见于云南官印中的有"宝"、"印"、"关防"、"记"等。

总之。所见官印情况与文献记载基本相符。

四 南明官印

1644 年，清王朝建立。时南方的一些明朝官吏、将领以拥护明王室后裔为号召，打起了抗清旗帜，建立抗清政权，这就是史称的南明王朝。1646 年，瞿式耜等拥立桂

---

① 《明史》志第四十四 舆服四。

王朱由榔于广东肇庆，次年，改元永历，是为永历帝。其后，清兵南逼，永历帝迁广西、贵州，1655 年至云南昆明，称滇都。1659 年初，清军进逼，永历帝西逃，次年逃入缅甸，缅王骗擒永历帝。1662 年，缅王将永历帝交给降清明将吴三桂，吴将永历帝及其子绞死于昆明金蝉寺（今昆明市华山西路），南明王朝至此结束。本书所收南明王朝官印，除少数为传世之印外，多数是 1991 年昆明五华山出土之印①。

南明官印基本沿袭了明代官印的体制。所见官印形状分为方形和长方形两种，其纽呈椭圆柱形或圆柱形，有皇帝玉玺"敕命之宝"、监察御史、府、州、县、长官司、宣抚司、同知、经历司、审理所、理刑厅、儒学、驿和总督、总兵、将军、副将、千户所、游击、守备、旗鼓等官印。印称分为宝、印、记、条记和关防等 5 种。印文有刻有铸，均是阳文九叠篆体字。印文中所涉及的地点，除个别不明其地外，大多数均有文献记载，所涉职官除少数为南明始设外，大多承明制。所出全部官印印背均有铭文，铭文为楷书竖行刻字。永历三年、四年所颁制印，铭文内容布局与明代相同，背右边是刻印文，背左边刻颁制机构名（一行）、颁发日期（二行），左侧刻编号。从永历四年十二月开始，所颁制印印背铭文内容布局与前有所不同，背右边刻颁发日期（一行）、颁制机构名（二行），背左边刻印文，背上边刻编号。印的大小有别。

这些官印既反映了南明王朝机构的设置情况，也反映了南明王朝维持明制和流亡情况。

五 清代官印

清朝对云南的行政建制大体沿袭了明制，但也有增有减。

本书所收清朝官印均是传世②，其印有省、府、州、厅、县、宣慰司、宣抚司、安抚司、巡检司、司狱司、提学使司、府州县儒学、巡警道、同知、经历司、州同、总兵官、参将、副将、游击、守备等衙门文武官印，它们涉及清朝在云南设置的 14 府、3 直隶州、5 直隶厅和总督所辖督标、提督所辖的提标和镇标，较全面地反映了清朝对云南的管辖。

清朝官印印制完备，印形、大小、印文字体、名称和管理等，都有明确的规定。据《清史稿·舆服志》载，涉及云南官印者，各省承宣布政使司银印，直纽③，二台，方三寸一分，厚八分。各省提刑按察使司后改提法使。铜印，直纽，方二寸七分，厚九分。各省提督学政后改提学使，并改关防为印信。铜关防，长二寸九分，阔一寸九

---

① 萧明华：《云南昆明五华山出土明代官印》，《文物》1999 年 7 期。

② 萧明华编撰：《云南少数民族官印集》，云南民族出版社，1989 年。

③ 形状呈圆柱形或椭圆柱形。

分。俱清、汉文尚方小篆。各省守、巡道后于省会地方增设巡警道、劝业道。铜关防，长三寸，阔一寸九分，俱清、汉文钟鼎篆。各府铜印，直纽，方二寸五分，厚六分。各府同知、通判铜关防，长二寸八分，阔一寸九分。各州铜印，直纽，方二寸三分，厚五分。各县铜印，直纽，方二寸一分，厚四分四釐。布政使司经历司、理问所铜印，方二寸二分，厚四分五釐。布政使司照磨所、京府儒学、各府经历司铜印，方二寸，厚四分二釐。各府照磨所、司狱司、各府儒学、卫儒学、布政司库大使、府库大使、巡检司、税课司、茶马司铜印，方一寸九分，厚四分。各州、县儒学铜条记，长二寸六分，阔一寸六分五釐。提督、总兵官银印，虎纽，三台，方三寸三分，厚九分。镇守总兵官铜关防，长三寸二分，阔二寸。俱清、汉文柳叶篆。副将、参将、游击铜关防，长三寸，阔一寸九分。宣慰司铜印，方二寸七分，厚九分。俱清、汉文殳篆。守备铜条记，长二寸六分，阔一寸六分。宣抚司铜印，方二寸五分，厚六分。长官司指挥、金事铜印，方二寸二分，厚四分五釐。俱清、汉文悬针篆①。这些规定与所见官印基本一致。

清朝官印印文是使用满汉两种文字入印。乾隆以前，用汉篆、满文楷书入印。"乾隆十三年（1748 年）九月，改镌御宝，始用清篆文（注：满文篆书），左为清篆，右为汉篆"②。不同级别的官用不同的字体，如皇帝御宝、皇后金宝、玉宝等用满汉文玉箸篆，和硕亲王金宝用汉文芝英篆，其他各级官印分别用尚方大篆、柳叶篆、尚方小篆、钟鼎篆、悬针篆、殳篆、转宿篆等字体。咸丰年始，在满汉篆文之间加一行满文楷书，以示同前区别。

铭文刻在印背和印两侧，背右铭文是用汉文刻印文和铸印机构。背左铭文是用满文刻印文。左右两侧铭文是用汉文刻制造日期和编号。编号是按年号依次编号。

印的名称分为"宝"、"印"、"条记"、"记"、"钤记"、"关防"等。已见云南官印中，如省衙门、提智总兵、府衙门、宣慰司、宣抚司、安抚司、长官司，州、厅衙门，府儒学、巡检司，称"印"。县儒学称"记"。同知、州判、州同、游击、副将、参将、镇总兵称"关防"。守备有称"条记"，也有称"关防"者。都司、把总称"钤记"。

六　杜文秀大理政权官印

1856 年 9 月（清咸丰六年）至 1872 年 12 月（同治十一年），以杜文秀为首的回民起义军在云南大理建立了反清的大理政权。这个政权存在时间长达 17 年，席卷了云

---

①　《清史稿·舆服三》
②　《清史稿·舆服三》。

南五十多个州县，成为当时以太平天国革命为主体的全国反清农民战争的一个组成部分，是云南近代史上规模最大、影响最深的一个农民反清战争的政权。

本书所收杜文秀大理政权官印均为传世①，其中，除一方是金质长方形印外，其余均是铜质方印，直纽。其中有的铜印有年款、编号铭文，有的铜印只有年款铭文，有的铜印无铭文。制印年代最早的是戊午年造，即 1858 年，晚的是己巳年造，即 1869 年。印文是篆书阳文，字有刻有铸，右是阿拉伯文，左是汉文。阿文意为苏莱曼，读如"苏勒伊玛乃"。苏莱曼是穆斯林男人的经名（教名），此名就是杜文秀的经名②。所见铜印印文中的阿文均相向。印文中的汉文均在官名后加"篆"字。印背铭文为铸造年款。年款均以干支纪年。背右用汉文刻写，背左用小儿锦文刻写③。印左侧，或右侧，或印背上用汉文刻编号，编号均用千字文为头，然后依次编号。

印章的质料，据同治七年十一月岑毓英的《呈解伪印答片》述及："分金、银、铜、木，及包金、包银六项。该逆自用金印，伪号大元帅；其用金包银印者，伪号大司；用银印者，伪号大将军、大都督；用银包铜印者，伪号将军、都督、参军、中郎将等类；其下又有冠军、监军、统制、指挥、先锋各伪号，则用铜木为印。"从所见印章看，将军、都督、参军、中郎将全是铜印，未见包银者，也许是被后人所为所至。而大司印未见实物。

从这些官印可知大理政权职官制度的概貌。据《大理县志稿》载："蔡发春为扬威大都督，总各路军事，马金保为中军将军，刘纲为平东将军，陈义为镇西将军，马良为平北将军，朱开元为平西将军，蓝金喜为奋勇将军，杨德明为左翼将军，宝文明为右翼将军，马天有为前军将军，马朝珍为后军将军，张子经为总理军机正参军，马国忠为总理军机左参军，马印图为总理军机右参军。其余文职为参军、参议、参谋、主政、主簿、司务、首领等；武职为都督、将军、中郎将、翼长、领军、指挥、先锋、统制等。"印章中所见职官与文献记载大体相同，所用官名大部分都是清代以前官名，少数官名则是清朝前期官名，如都督。

杜文秀大理政权的这些官印，既反映了杜文秀大理政权职官设置的一些情况，也反映了其管理的一些情况。

---

① 萧明华、李玉英：《杜文秀大理政权官印集释》，《文物》1986 年 7 期。

② 白寿彝：《中国穆斯林的历史贡献（一九七九年八月应邀出席在阿尔及利亚召开的第十三届伊斯兰教思想讨论会上发表的学术论文)》，《中国穆斯林》1981、1982 年合订本。马致本著：《大杂学——序》，《中国伊斯兰教史参考资料选编·上册》591 页。

③ 小儿锦文是中国伊斯兰教的一种经堂文字，它是用阿拉伯字母拼写汉语的一种拼音文字，有时也夹有一些汉字，其中也包含阿拉伯文、波斯文的语汇。

七 西双版纳傣族政权的官印

云南西双版纳地区，即元、明、清之车里，是我国傣族聚居区。元代，元朝在此设立撒里路军民总管府。明代洪武十五年（1382 年），明朝改置为车里军民府，十七年又改置军民宣慰司，宣德九年改置车里宣慰司，土司制度一直保存至 20 世纪 50 年代。因而历史上形成的一套以宣慰使为中心的傣族政权组织也保存至 20 世纪 50 年代。在此政权中的各级官员既受中央政权和云南省地方政权的封委，又受宣慰使的封委，所收官印就是这种状况的表现。

在宣慰司署中，设有四大卡贞（四丞相）和八卡贞（八大臣），分掌财务、政事、军事等事务。其下又设有勐、陇、火西、寨子等各级政权，形成了一个以宣慰使为首的地方傣族政权。在这一政权内部的各官员之间，使用的是以动物图案为印文的圆形官印和以傣文为印文的长方形官印相配合的官印。清代末期至民国时期，有的还使用汉文官印。使用者的地位、官职及其与宣慰使的关系不同，其印也有所区别。西双版纳的最高长官宣慰使，傣语称为"召片领"，意为广大土地之主，使用朝廷颁发给的"车里宣慰司印"铜方印，同时，还使用自制的和赠送的动物图案圆印，一般是上呈用方印，下达用圆印。

在宣慰司署中的四大卡贞中，"召景哈"，又叫议事庭长，主持议事庭。"怀郎曼凹"，又称"都竜告"，总揽行政、财政、税收，并统率大小官员。"怀郎庄往"，主管粮米杂务。"怀郎曼轰"，掌管司法户籍。

宣慰司署中的八卡贞中，"召竜帕萨"，总管宣慰使内务。"纳花"，为右榜大元帅。"纳干"，为宣慰使随从、狩猎官，兼收特别税。"纳扁"，为宣慰使随从参谋，兼管朝板和孔雀尾。"召戛"，为市场主管官，管理市场及收街捐。"纳贺"，主管内务，还兼枪矛官，并协助收税。"纳掌"，为管象官，兼理会计。"纳欠"，为簿记官，兼府内招待会计。

四大卡贞和八卡贞均使用动物图案圆印、傣文或汉文长方形木印。长方形印盖在正文落款处日期上，圆印盖在正文最后二字上，表示到此结束，以防添改。世代住宣慰司署者，用上台圆印。外地各勐来者，用无台圆印。最大召勐与宣慰使有血缘关系者，用狮子、鹿图案圆印。

召片领之下为勐，意为一片地方或一个坝子，其长官叫"召勐"（近代一般统称为土司），使用动物图案圆印。

召勐之下为陇，其头人叫"叭竜"。1949 年以前，仅景洪设过陇。

陇之下为火西。火西是西双版纳的一级政权，其头人称"召火西"或"叭火西"。

火西之下为寨子，其头人称为"波曼"或"咪曼"。

陇、火西、寨子头人用印不明，也许不用印，但有待深入调查研究。

本书收集的宣慰使、宣慰司署官员、各级官员所用动物图案官印和傣文官印，它们既不同于我国其他地区的官印，又不同于历史上的官印，具有鲜明的历史和民族特点①。

所见西双版纳傣族政权动物图案官印计有动物六种，即鱼、鹿、狗、狮子、孔雀、马。这些动物图案官印是如何生产的呢？它们又为何能保存至今呢？这可从西双版纳傣族的口碑传说及其社会组织中做一些探寻。

在西双版纳流传的口碑中，有一个叫《召戛哈》的传说，传说景洪曾经存在过称为"勐克桠罢马来"的狗勐，在勐克桠罢马来，狗是妇女的丈夫。在景洪还流传着一个《变怀密码滚云（八百狗媳妇国）》的传说，传说女子先与狗通婚，狗最后被其子砍死，女子从此才与男人通婚②。

在西双版纳的勐龙，在头人和民间都流传着这样一个传说，在古老的时候，在今景洪与勐龙交界的曼播曼格达鸠后山，即吕占山，出现了一名妇女，当时只有她一人，也无男人。有一天，在山野中，她遇到了一头雄狮，就怀了孕。后一胎生下一男一女。男的名叫"拔呼"，女的叫"兴哈"，兄妹俩跟随母亲上山采摘野果，下河捉鱼捞虾生活。兄妹俩长大后，因找不到男人和女人婚配，母子三人就离开了吕占山，经过勐龙山，来到了勐龙坝子。勐龙坝子到处是沼泽芦苇，荒无人烟。他们就在景哩住下，兄妹俩只好婚配，生儿育女，儿女长大成人后，又互相婚配，生儿育女。景哩寨都是兴哈和拔呼兄妹的子孙。后来，人口增多了，景哩寨住不下，才分出来建村寨。就这样，一寨变三寨，三寨变八寨。勐龙的傣勐寨、土著都是兴哈、拔呼的子孙。勐龙建勐、升勐的始祖都是兴哈、拔呼。勐龙的"商姆"（意为地方的命脉）也是拔呼，所以，如今的勐龙城或农村，建佛寺、佛塔、寺门，门两边都要雕一对雄狮。后来，世袭召勐龙的木质或象牙印鉴都要刻一雄狮。雄狮成了勐龙的标志③。

在西双版纳民间还逐流传着这样一个传说，开辟西双版纳的领袖叭阿拉武来至景洪，是追金鹿到勐泐（景洪）的④。西双版纳各地类似的传说不胜枚举。

揭开蒙在这些传说头上的面纱，可以看到西双版纳的傣族人民和其他各族人民一

---

① 萧明华：《建国前云南西双版纳傣族政权的动物图案官印》，《四川文物》1988 年 2 期。萧明华编撰：《云南少数民族官印集》，云南民族出版社，1989 年。

② 《民族问题五种丛书》云南编辑委员会编：《西双版纳傣族社会综合调查（一）》67 页，云南民族出版社。

③ 《民族问题五种丛书》云南编辑委员会编：《傣族社会历史调查（八）》74 ~ 75 页，云南民族出版社。

④ 《民族问题五种丛书》云南编辑委员会编：《西双版纳傣族社会综合调查（一）》67 页，云南民族出版社。

样，曾经经历了原始社会。在原始社会的氏族阶段，万物有灵观念、灵物崇拜、图腾崇拜是此时人类共有的现象。那么，傣族也不例外。传说中的狗勐，就是以狗为图腾的氏族。传说中的兴哈、拔呼开发的勐龙，就是以雄狮为图腾的氏族。传说中的追金鹿至景洪的叭阿拉武，就是以鹿为崇拜对象的氏族。

图腾崇拜、灵物崇拜的人们，为表达自己对图腾物、灵物的崇拜，除从思想观念上崇拜外，往往还以物的形式表现出来。如保留图腾崇拜较完整而发达的澳大利亚人，他们把图腾崇拜物形象雕刻或描绘在住所、武器、用具乃至身上。又如班图人，把认定的图腾作为族徽，打在牲畜、盾牌、日用器皿上[1]。西双版纳的动物图案官印，从其传说看，官印中的动物形象就是各民族图腾和灵物崇拜的对象。它们反映了傣族历史上曾经存在的图腾崇拜和灵物崇拜的现象。

氏族社会时期的崇拜物，到了部落、部落联盟阶段，这种物的表现则发展成为部落、部落首领的标志，成为了部落首领权力的象征。西双版纳勐龙关于雄狮的传说说明，在其氏族社会阶段，雄狮为其图腾崇拜物，范围仅是景哩寨。到了部落阶段，则成了部落的标志，范围是全勐龙。到了阶级社会阶段，雄狮成了权力的象征，形成了动物图案官印。

西双版纳傣族政权使用动物图案官印的这种特点为何能保存至现代呢？原因之一就是这儿有它赖以存在的社会条件。

在西双版纳的每一级政权中，都保存着议事组织。西双版纳的一级政权火西有火西议事会，由召火西或叭火西主持，各村社头人参加。陇级议事组织叫"贯"，由叭竜主持。有的勐则无陇级设置。勐级议事组织叫"勒贯"，由召贯或叭贯主持。勒贯是在贯的基础上发展而来，具有部落议事会色彩，这种色彩以勐龙最具特色。

勐龙的勒贯组织常务会称"朋贯"，由四卡贞和八卡贞及火西代表组成。全勐会称为"朋勐"，由议事庭召集所管十一个召火西、各村社头人、常任群众代表参加，并由各村社推派农民一两人参加。议事主要内容有：

1. 决定非世袭召勐继任否。
2. 决定召勐与外勐构和、结婚、离婚等问题。
3. 决定召贯、叭诰（议事庭长、副庭长）任免。
4. 决定与外勐宣战等事[2]。

勒贯组织的发展便是更大规模的组织形成，即勒司郎形成。车里宣慰司议事组织傣语称为"勒司郎"。议事庭长召景哈是由各勐的召勐开会推选。参加议事庭会议的有

---

① 林耀华主编：《原始社会史》397～402页，中华书局，1984年。

② 《民族问题五种丛书》云南编辑委员会编：《傣族社会历史调查·西双版纳之二》36～42页，云南民族出版社。

各勐代表、议事庭全体成员，即四大卡贞和八卡贞、文书。议事内容为版纳的一切重大事务，如召勐、召片领的任免袭职，各勐间的争端，司署重大事务等等。

由 20 世纪 50 年代西双版纳傣族政权中保存的"贯"、"勒贯"、"勒司郎"议事组织看，它们具有部落、部落联盟议事会的特点。往前追溯，它们是其历史上部落、部落联盟阶段的产物。虽然至 20 世纪 50 年代前，这种组织的内涵已有了较大的变化，但仍保存着其躯壳。这种社会条件，无疑地为部落、部落联盟时期产生的动物图案官印的存在提供了条件。但是，20 世纪 50 年代前，这种动物图案官印正处于被文字官印代替的过渡阶段。在西双版纳的各级傣族政权中，除使用动物图案官印外，还使用汉文或傣文官印，而且文字官印越来越普遍。由此可见其发展趋势。西双版纳傣族政权所用动物图案官印表明，官印动物图案起源于历史上的氏族社会的崇拜物，官印形成于历史上的部落、部落联盟时期。它们为研究官印的历史和傣族的原始宗教提供了新的信息资料。

官印是行使权力的凭证，因而它的制造和颁发使用，历代都有专门机构管理。隋唐以前，归"春官"、"大宗伯"管理。隋唐以后，归礼部管理。宋代，在礼部设少府监，专有铸印篆文官二人负责制印。元代，在礼部设铸印局管官印的制造。明、清继承元制，铸印局把印制好后，交本部仪制司颁发。

云南古代官印不论是印文字体、铭文书写，还是形状，都和内地官印相同，这说明云南自古以来，在政治建制上和内地都是一致的。从云南古代官印中可见云南历史发展的线索，看到古代制印的精湛工艺、纯熟的书法和精美的篆刻，它们是祖国的宝贵文化遗产。

第一章　汉、晋官印

1. 滇王之印

金质方印，印边长 2.4 厘米、厚 0.7 厘米，通高 2 厘米。蛇形纽，蛇背饰有鳞纹，蛇首昂向右上方。重 90 克（图一，1；图版一，1）。印文是汉文篆书阴刻。1956 年云南晋宁石寨山古墓葬（M6）出土①。中国历史博物馆藏。

据《史记·西南夷列传》载："元封二年（公元前 109 年），天子发巴蜀兵，击灭劳浸、靡莫，以兵临滇，滇王始首善，以故弗诛。滇王离难，西南夷举国降，请置吏入朝。于是以为益州郡，赐滇王王印，复长其民。西南夷君长中以百数，独夜郎、滇受王印。滇小邑最宠焉。"

《汉书·地理志》载："益州郡，武帝元封二年开。……县二十四：滇池，大泽在西，滇池泽在西北。"滇的地理标志是滇池。滇的境地在今滇池区域。滇池县在滇池东南，当今晋宁县之晋城镇一带。滇王之印出于晋宁县石寨山汉墓。晋宁县为故滇地。在故滇境地汉墓中出土滇王王印，说明汉朝封授滇王为王，并赐滇王王印无疑，也说明此墓为一代滇王之墓。

夷是汉朝对西南少数民族的统称，滇为西南夷中的一支，"滇王之印"就是西南少数民族滇族头人所用之印，所出青铜器表现的文化是滇文化②。

滇王受宠受王印，反映了滇所处的地位。汉时，滇是西南夷中一大君长国，其势力盖及诸夷君长，故在汉兵临滇时，滇王首先降附，而整个西南夷都随着降附。滇王降汉的举动，受到了汉朝的宠信，鉴于滇在西南夷君长中的显赫地位和作用，为对西南夷各族人民施行有效的管辖，汉朝仍封滇王为王，以长其民。

《汉旧仪》载："诸侯王，黄金玺，橐驼纽，文曰：玺，刻云'某王之玺'。列侯，黄金印，龟纽，文曰：印，刻曰'某侯之印'。"滇王虽为王，但印不称玺，虽称印，而又不为侯，这说明滇王是处于一种身为侯王，而却是列侯的待遇。滇王为什么会处于这种状况呢？汉朝对少数民族的统治，是施行所谓的羁縻政策，即由派来的汉朝官

---

① 云南省博物馆：《云南晋宁石寨山古墓群发掘报告》，文物出版社，1959 年。萧明华编撰：《云南少数民族官印集》11 页，云南民族出版社，1989 年。

② 肖明华：《西南夷与西南地区青铜文化》，《四川文物》2012 年 5 期。

吏，通过土著王侯来实现其统治。被派到郡县的官吏，则是汉朝的代表，土著王侯政治上要服从他们，经济上要向他们贡纳，滇王也不例外，仍受制于益州太守，所以，地位也仅能是列侯。

2. 益州太守章封泥

见吴式芬、陈介祺合辑《封泥考略》（图一，9）①。

《汉书·地理志》载，益州郡，武帝元封二年开。……户八万一千九百四十六，口五十八万四百六十三。县二十四：滇池、双柏、同劳、铜濑、连然、俞元、收靡、谷昌、秦臧、邪龙、味、昆泽、叶榆、律高、不韦、云南、嶲唐、弄栋、比苏、贲古、毋棳、胜休、健伶、来唯。其中叶榆当今大理一带，不韦当今保山一带，由此而知，其地域西达澜沧西岸，北达洱海，境域远远超过滇的境地，当今云南大部地区。

《汉书·武帝纪》载："（太初元年）夏五月，正历，以正月为岁首。色上黄。数用五，定官名，协音律。"张晏注："汉据土德，土数五，故用五，谓印文也。若丞相曰'丞相之印章'"，诸卿守相的印章都用四字。武帝以后，凡三公将军九卿太守国相之印，都用五字。将军属官，如校尉、司马，九卿属官，如令、长、丞，以及县令、长、丞、尉的印章，则用四字。此封泥印文为五字，应是元封二年置益州郡，太初元年以后所颁之益州太守章打印的封泥，它从实物上说明，云南自元封二年起，正式纳入全国的统一建制中，在中央集权制国家的管辖之下。太守为一郡之长。

3. 楪榆长印

铜质方印，鼻纽。印文是汉文篆书阴刻（图一，2）。见罗福颐主编《故宫博物院藏古玺印选》②。

4. 楪榆右尉

铜质方印，鼻纽。印文是汉文篆书阴刻（图一，3）。见《上海博物馆藏印选》③。

《汉书·百官公卿表》载："县令、长，皆秦官，掌治其县。万户以上为令，秩千石至六百石。减万户为长，秩五百石至三百石。皆有丞、尉，秩四百石至二百石，是为长吏。"由此可知，大县、小县是以人口多少而分。西汉人口比东汉人口少，楪榆县也如此。故推知楪榆县西汉是小县，长印当是西汉印。

《后汉书·百官志》载："尉，大县二人，小县一人。本注曰：丞署文书，典知仓狱，尉主盗贼。"应劭《汉官》载："大县丞左右尉，所谓命卿三人。小县一尉一丞，命卿二人。"由此而知，右尉印当是大县之尉印。楪榆何时为大县？据长印推知，当是东汉。"楪榆右尉"印应是东汉印。

① 孙太初：《云南古代官印集释》，《中国考古学会第二次年会论文集》，文物出版社，1982年。
② 罗福颐主编：《故宫博物院藏古玺印选》51页279图，文物出版社，1982年。
③ 上海博物馆：《上海博物馆藏印选》68页，上海书画出版社，1979年。

据《汉书》、《后汉书》载,楪榆县西汉属益州郡,东汉属永昌郡,其地当今大理市。

5. 遂久令印

铜质方印。印文是汉文篆书阴刻(图一,5)。见罗福颐主编《故宫博物院藏古玺印选》①。

6. 遂久右尉封泥

见吴式芬、陈介祺合辑《封泥考略》(图一,13)②。

《汉书·地理志》载,越嶲郡有遂久县,其地当今丽江市地。官称令,尉分左右,其县当是万户以上之大县。

7. 存䣖左尉封泥

见吴式芬、陈介祺合辑《封泥考略》(图一,8)③。

《汉书·地理志》载,犍为郡有存䣖县。《后汉书·郡国志》无此县名。《汉书·地理志》"存"作"郁"。《说文解字》邑部有"䣖"字,无"郁"字,解曰存䣖为县,"从邑,马声。"存字印文与《说文解字》一致。而《汉书·地理志》存字的"耳"旁是后人所加。据此,此印是西汉印。尉有左右之分,是为大县之印。存䣖其地当今宣威县一带。

8. 同并尉印封泥

见吴式芬、陈介祺合辑《封泥考略》(图一,10)④。

《汉书·地理志》载,牂柯郡,武帝元鼎六年开。属县十七,有同并县,其地当今弥勒、路南一带。

9. 朱提长印封泥

见吴式芬、陈介祺合辑《封泥考略》(图一,14)⑤。

《汉书·地理志》载,犍为郡,"武帝建元六年开。"属县十二,有朱提县。《后汉书·郡国志》载,永初元年,以犍为南部都尉为犍为属国都尉,领朱提、汉阳二县。《华阳国志·南中志》载:"朱提郡,本犍为南部,孝武帝元封二年置,属县四。建武后省为犍为属国。至建安二十年,邓方为都尉,先主因易名太守。属县五。"郡治在朱提县,即今昭通。据上所述,朱提为县,始于汉武帝建元六年开犍为郡。东汉永初元年,省犍为郡为属国,朱提隶于属国。此印称长,可知朱提为小县。印文字形及印形与汉印同,当是汉印。

---

① 罗福颐主编:《故宫博物院藏古玺印选》51 页 278 图,文物出版社,1982 年。
② 孙太初:《云南古代官印集释》,《中国考古学会第二次年会论文集》,文物出版社,1982 年。
③ 孙太初:《云南古代官印集释》,《中国考古学会第二次年会论文集》,文物出版社,1982 年。
④ 孙太初:《云南古代官印集释》,《中国考古学会第二次年会论文集》,文物出版社,1982 年。
⑤ 孙太初:《云南古代官印集释》,《中国考古学会第二次年会论文集》,文物出版社,1982 年。

10. 南广尉印封泥

见周明泰《再续封泥考略》（图一，11）①。

据《汉书》、《后汉书》载，犍为郡有南广县，其地当今盐津、威信一带。此印官名无左右之别，是一小县。

11. 三绛尉印封泥

见陈介祺、吴式芬合辑《封泥考略》（图一，12）②。

《汉书·地理志》载，越嶲郡有三绛县。其地当今元谋县。《后汉书·郡国志》作三缝。此印印文用字字形与《汉书》同，应为汉印。尉无左右之分，可知其县为一小县。

12. 汉叟邑长印

铜质方印，羊纽，见《故宫博物院藏古玺印选》③（图一，4）。

1936 年昭通洒鱼河边古墓中也出土"汉叟邑长"铜印一方，当地人氏张希鲁收藏，后献给人民政府，可否就是此印，不明。

叟邑是一小部族，因与其他族共居而别称之。汉时，滇池和味县地区居民以叟族为主要邑落，不以叟为名，有叟邑之称，是在朱提境内。朱提在今昭通一带，昭通汉时为犍为郡南部，与味县（今曲靖）紧邻，其地也有叟人邑落，"汉叟邑长"应属汉代之印。邑长当是叟族一邑之首领。此印当是叟族一邑之长用印。

13. 南夷长史印

铜质方印，鼻纽。印边长 2.2 厘米，通高 2.2 厘米。印文为汉文篆书铸字（图一，6；图版一，3）④。云南省博物馆藏。

历史上把居住在今云南、贵州、四川西部和南部的少数民族统称为"西南夷"，又按居住的位置，分称为西夷、南夷。南夷所在的地区，即今云南、四川南部、贵州一带，西晋泰始六年（270 年），在此设宁州，为全国十三州之一。

《晋书·地理志·宁州志》载："太康三年（282 年），武帝又废宁州入益州，立南夷校尉以护之。"《晋书·职官志》载：武帝置"南夷校尉于宁州"，宁州刺史改为南夷校尉。《华阳国志·南中志》载："置南夷，以天水李毅为校尉，持节，统兵镇南中，统五十八部夷族都监行事。"《晋书·职官志》载："元康中……改南夷校尉曰镇蛮校尉。"自此以后，"南中形势'七郡斗绝，晋弱夷强，加其土人屈塞，应复宁州，以相镇尉'。"⑤ 诏书复置宁州。太安二年（303 年），又复任命宁州刺史，校尉仍沿袭，以

① 孙太初：《云南古代官印集释》，《中国考古学会第二次年会论文集》，文物出版社，1982 年。

② 孙太初：《云南古代官印集释》，《中国考古学会第二次年会论文集》，文物出版社，1982 年。

③ 罗福颐主编：《故宫博物院藏古玺印选》69 页 381 图，文物出版社，1982 年。

④ 马德娴：《云南省博物馆藏"南夷长史"印》，《文物》1979 年 3 期。

⑤ 常璩撰，刘琳校注：《华阳国志校注·南中志》369 页，巴蜀书社，1984 年。

后历任刺史兼校尉，领府和州事，沿至李雄统治南中。

由上述记载说明，西晋泰始六年设立宁州，太康三年废宁州入益州，设南夷校尉，以校尉持节统兵镇南中，统五十八部夷族。元康中（291～299 年），改南夷校尉为镇蛮校尉。太安二年，由于"晋弱夷强"，又复设宁州，而镇蛮校尉未见改。当时的南夷指宁州、益州所属地区。所统有五十八部夷族。南夷府长官称南夷校尉，南夷长史可能为南夷府幕僚之长，主管何事不详。

此印印文及铸造工艺粗糙，似为冥印。

14. 牙门将印

铜质方印，龟纽。云南省昭通市张希鲁购于昭通市，昭通市昭阳区文物管理所存复制品（图一，7）。

牙门将，魏黄初中置，冠服与将军同。蜀晋也置此官。《华阳国志·南中志》载，建宁大姓毛灵、董元、王素、孟通、孟干、熊、李松等皆为牙门将。此印出于当时的建宁地区，据置官，推此印为晋代官印，但为何人之印，不详。

附：

另见于文献的还有如下几方印：

附 1. 俞元丞印

见罗福颐《汉印文字征》①。

《汉书》、《后汉书》载，益州郡有俞元县，其地当今云南澄江、江川一带。丞主文书。

附 2. 建伶道宰印

见罗福颐《汉印文字征》。

据《汉书》、《后汉书》载，益州郡有建伶县，其地当今昆阳。《汉书·百官公卿表》载："列侯所食县曰国，皇太后、皇后、公主所食曰邑，有蛮夷曰道。"《汉书·王莽传》载："（始建国元年）改郡太守曰大尹，都尉曰太尉，县令、长曰宰"。汉朝对南方的少数民族又称为"蛮夷"，有"蛮夷"的县叫"道"，此印称"道宰"，说明建伶是少数民族之县。其印当是少数民族之县令用印。

附 3. 哀牢王章

见桂未谷《缪篆分韵》②。

《华阳国志·南中志·永昌郡》载："至世祖建武二十三年，王扈栗遣兵乘箄船南攻鹿多。……扈栗惧，谓诸耆老曰：哀牢略徼，自古以来，初不如此。今攻鹿多，辄被天诛，中国有受命之王乎，是何天祐之明也？汉威甚神，即遣使诣越嶲太守，愿率

---

① 罗福颐编：《汉印文字征》，文物出版社，1978 年。

② 孙太初：《云南古代官印集释》，《中国考古学会第二次年会论文集》，文物出版社，1982 年。

种人归义奉贡。世祖纳之，以为西部属国。"《后汉书·西南夷传》李贤注引伏侯《古今注》说，益州西部都尉置于明帝永平十年，"永平十二年，哀牢王柳貌遣子率种人内属，其称邑王者七十七人，户五万一千八百九十，口五十五万三千七百一十一。西南去洛阳七千里，显宗以其地置哀牢、博南二县，割益州郡西部都尉所领六县，合为永昌郡"。《华阳国志·南中志·永昌郡》载："永昌郡，古哀牢国。哀牢，山名也。"据上述记载，此印当是建武、永平时所赐之印。"哀牢王章"就是哀牢王率种人归附，汉朝所赐之印，其性质与滇王类同。

哀牢王之世系，《华阳国志·南中志·永昌郡》载："其先有一妇人，名曰沙壶，依哀牢山下居，以捕鱼自给。忽于水中触有一沈木，遂感而有娠。度十月，产子男十人。后沈木化为龙出，谓沙壶曰：'若为我生子，今在乎？'而九子惊走。惟一小子不能去，陪龙坐，龙就而舐之。沙壶与言语，似龙与陪坐，因名曰元隆，犹汉言陪坐也。沙壶将元隆居龙山下。元长大，才武，后九兄曰：'元隆能与龙言，而黠有智，天所贵也。'共推以为王。时哀牢山下复有一夫一妇，产十女，元隆兄弟妻之。由是始有人民，皆象之，衣后着十尾，臂胫刻文。元隆死，世世相继，分置小王，往往邑居，散在溪谷。"《后汉书·南蛮西南夷列传》李贤注引《哀牢传》说："九（元）隆代代相传，名号不可得而数，至于禁高，乃可记知。禁高死，子吸代；吸死，子建非代；建非死，子哀牢代；哀牢死，子桑藕代；桑藕死，子柳承代；柳承死，子柳貌代；柳貌死，子扈（栗）代。"据此推之，此印当是柳貌、扈栗所用之印。

附 4. 越归汉晴蛉长印

见桂未谷《缪篆分韵》，西安汉城遗址出土。

《汉书·西南夷传》载："南粤破后，及汉诛且兰、邛君，并杀笮候，冉龙皆震恐，请臣置吏。以邛都为越巂郡，笮都为沈黎郡，冉龙为文山郡，广汉西白马为武都郡。"《汉书·地理志》载，越巂郡，户六万一千二百八，口四十万八千四百五。县十五，有青蛉县。注，武帝元鼎六年开。汉时，越是分布较广的南方少数民族。青蛉县为越人聚居区，故在置县后，仍以其君长为长，并发其印，以长其民。《汉书·地理志》蜻写作青，青与蜻通假。蜻蛉其地当今云南大姚县一带。

第二章 唐、宋官印

1. 云南安抚使印封泥

印呈方形，边长 5.2 厘米（图二，1）。印章下有墨书题字四行，第一行模糊不识，可识者为"西川节度使（二行）进酒壹瓶口口（三行）口口银青光禄大夫检校兵部尚书同平章事（成都尹）上柱国（陇西）郡开国公臣（李回?）口"（四行）等字①。1958 年于陕西省西安市唐大明官遗址出土，出土时封于酒瓶口之上。

《旧唐书·地理志·剑南道姚州》载："蛮帅异牟寻归国，遂以韦皋为云南安抚使，命使册拜，谓之南诏。"即以云南安抚使统率南诏。《新唐书·方镇表》载："贞元十一年，西川节度增领统押近界诸蛮及西山八国、云南安抚使。"皋初以云南安抚使衔册封异牟寻为南诏，后兼云南安抚使为常设官职，统率南诏。唐设云南安抚使官职，册封、管理云南事，故颁发云南安抚使印。此封泥就是一次进贡时用印之证。此设置也是中央设立专管云南事之官职的开始。

据上述记载，自贞元十一年（795 年）西川节度使兼云南安抚使职始，以后凡任西川节度使者都兼云南安抚使之职，并成为常例。根据《旧唐书·本记·李回传》、《权载之文集》卷十七《武元衡神道碑》记载，云南安抚使任职者有韦皋、高嵩文、李回、白敏中、陈敬宣、王建。《旧唐书·李回传》载："武宗崩，回充山陵使，祔庙竞，出为成都尹、剑南西川节度使。大中元年冬，坐与李德裕亲善，改谭州刺史、湖南观察使，再贬抚州刺史。白敏中、令狐绹罢相，入朝为兵部尚书，复出为成都尹、剑南西川节度使。"在任安抚使之职的人中，只有李回同任过兵部尚书。此封泥题字称兵部尚书同平章事成都尹，说明此封泥很可能是李回二次任节度使时所用之物，即白敏中罢相（862 年）之后。

2. 大理国督爽印

见云南省博物馆藏大理国保天八年（1136 年）写经《诸佛菩萨金刚等启请仪轨》经卷上②。印是用朱色打在写经经卷上，印形状呈方形，边长 6.4 厘米（图二，2；图版一，2）。

---

① 中国科学院考古研究所编：《唐长安大明宫》，科学出版社，1959 年。

② 孙太初：《云南古代官印集释》，《中国考古学会第二次年会论文集》，文物出版社，1982 年。

督爽是南诏所置官，大理国段氏也沿袭之。据《新唐书·南诏传》载："幕爽主兵，琮爽主户籍，慈爽主礼，罚爽主刑，劝爽主官人，厥爽主工作，万爽主财用，引爽主客，禾爽主商贾，皆清平官、酋望、大军将兼之。爽犹言省也。督爽总三省也。"三十七部石城会盟碑题名有督爽王清志，官名与此印同，反映了大理国职官情况。

大理国是在南诏的基础上建立的政权，因而在其政权职官上也沿袭了南诏的职官。"大理国督爽印"也说明了这一情况。

第三章　元、明官印

1. 勐遮甸军民官印

铜质方印，直纽。印边长 6.3 厘米。印背刻楷书铭文，右是"勐遮甸军民官印"，左是"中书礼部造（一行），至元三十年十一月　日（二行）"。印文是阳文铸字八思巴文（图二，3)[1]。云南省勐海县文化馆藏。

八思巴文是元朝蒙古新字，俗称蒙古文，是世祖忽必烈时，吐蕃（西藏）人八思巴根据藏文加以变化创造的一种拼音文字。至元六年（1269 年）颁行。至元八年，忽必烈明令"省部台诸印信并所发铺焉刡子并用蒙古字"[2]。

元朝使用至元年号计二次，达三十年者，为前至元。此印铭文称三十年，当是元朝前至元所颁之印。

元至元二十一年，步鲁合答将游击攻占车里[3]。"元贞二年……十二月戊戌，立彻里军民总管府[4]，又叫彻里军民宣抚司"[5]。"泰定三年（1326 年）……大车里昭哀俖哀用、孟隆（勐笼）甸土官吾仲，并奉方物来献。以昭哀地置木朵路一，木来州一、甸三。以吾仲地置孟隆路一、甸一。以哀培地置甸一，并降金符、铜印。泰定四年……八百媳妇蛮请官守，置蒙庆宣慰司都元帅府及木安、孟杰（勐遮）二府于其地，以同知乌撒宣慰司事你出公、土官诏南通并为宣慰司都元帅，招谕人米德为同知宣慰司事副元帅，南通之子招三斤知木安府，俖混盆知孟杰府"[6]。泰定四年以前，勐遮置何，文献记载不明。据此印推知，为甸军民官。其长官当为傣族。

勐遮其地即今西双版纳傣族自治州勐海县勐遮乡。

2. 曲靖卫指挥使司经历司之印

铜质方印，直纽。印边长 6.8 厘米、厚 1.5 厘米，纽高 6.9 厘米。印文是阳文九叠篆刻字。印背刻楷书铭文，背右铭文是"曲靖卫指挥使司经历司之印"，背左铭文是

---

① 萧明华：《云南少数民族官印集》49 页，云南民族出版社，1989 年。

② 《元典章·卷三十一·礼部四》。

③ 《元史·步鲁合答列传》。

④ 《元史·成宗本记》。

⑤ 《元史·地理四》。

⑥ 《元史·泰定帝本记》。

"礼部造（一行）洪武十五年闰二月"（二行），印左侧铭文是"善字八十五号"（图三，1）。云南省博物馆藏。

明朝在云南推行府卫参设的措施。卫所是明朝兵制。十二人为一小旗，五小旗六十人为一总旗，二总旗一百二十人为一百户所，其长称百户。十个百户所约一千一百二十人为千户所，其长称千户。约五个千户所五千六百人为一卫，其长称指挥使。府设所，数府设卫。《明太祖实录》卷一四一载，洪武十五年二月癸丑，任用云南都指挥使官职，命武官五十七员往守云南诸城，是年正月丁亥设置云南左右前后四卫指挥司，以后陆续设置卫所。明朝在云南设置都指挥使司，领卫所军屯，先后设置卫二十，御三，守御千户所十七，计有一百三十一所。曲靖卫是其中之一。在卫司署中，设有经历司等机构，此印为所设机构之一经历司用印。

曲靖卫在曲靖府治西，今曲靖市境内。

3. 楚雄卫后千户所百户印

铜质方印，直纽。印边长 7.2 厘米、厚 1.5 厘米，通高 8.5 厘米。印文是阳文九叠篆体刻字。印背刻楷书铭文，背右铭文是"楚雄卫后千户所百户印"，背左铭文是"礼部造（一行）洪武十五年闰二月（二行）"，印左侧刻铭文"胜字四十七号"（图四；图版二，4）。云南省博物馆藏。

明《太祖高皇帝实录卷之一百四十三》载，洪武十五年闰二月，置楚雄卫指挥使司，以羽林右卫指挥同知袁义为指挥使。楚雄卫其地在楚雄府治，今楚雄市。此印为卫属千户所下百户用印。印背铭文所载年款与文献记载置卫时间相同，当是与卫同时颁制印信。

4. 大理卫中千户所管军印

铜质方印，直纽。印边长 7.5 厘米、厚 1.3 厘米，纽高 7.4 厘米。印文是阳文九叠篆字。印背刻楷书铭文，背右铭文是"大理卫中千户所管军印"，背左铭文是"礼部造（一行）洪武十六年四月　日"（二行），左侧铭文是"祐字二十三号"（图三，2）。20世纪80年代发现于云南省大理市洱海西岸龙凤村一带[1]，云南省大理市博物馆藏，以下大理市博物馆藏明代官印其来源均相同。

明《太祖高皇帝实录卷之一百四十三》载，洪武十五年，置大理卫指挥使司。此印及后述百户印，当是置卫后增置所颁印信。

大理卫在大理府，今大理古城。

5. 大理卫指挥使司经历司之印

铜质方印，直纽。印边长 6.8 厘米、厚 1.3 厘米，通高 8 厘米。印文是阳文九叠篆体字。印背刻楷书铭文，背右铭文是"大理卫指挥使司经历司之印"，背左铭文是"礼

---

① 杨益清：《云南大理发现的一批明代官印》，《文物》1986 年 7 期。

部造（一行）洪武十六年四月　日（二行）"，左侧铭文是"□□□十三号（前3字不明）"（图五）。云南省大理市博物馆藏。

6. 大理卫右千户所百户印

铜质方印，直纽。印边长7.1厘米、厚1.4厘米，通高8厘米。印文是阳文九叠篆体字。印背刻楷书铭文，背右铭文是"大理卫右千户所百户印"，背左铭文是"礼部造（一行）洪武十六年四月　日（二行）"，左侧铭文是"祐字十三号"（图六）。云南省大理市博物馆藏。

7. 大理卫前千户所百户印

铜质方印，直纽。印边长7.1厘米、厚1.4厘米，通高8.2厘米。印文是阳文九叠篆体字。印背刻楷书铭文，背右铭文是"大理卫前千户所百户印"，背左铭文是"礼部造（一行）洪武十六年四月　日（二行）"，左侧铭文是"祐字四十一号"（图七）。云南省大理市博物馆藏。

8. 大理卫后千户所百户印

铜质方印，直纽。印边长7.2厘米、厚1.3厘米，通高8厘米。印文是阳文九叠篆体字。印背刻楷书铭文，背右铭文是"大理卫后千户所百户印"，背左铭文是"礼部造（一行）洪武十六年四月　日（二行）"，左侧铭文是"祐字四十六号"（图八）。云南省大理市博物馆藏。

9. 大理卫后千户所百户印

铜质方印，直纽。印边长7.2厘米、厚1.3厘米，通高8.1厘米。印文是阳文九叠篆体字。印背刻楷书铭文，背右铭文是"大理卫后千户所百户印"，背左铭文是"礼部造（一行）洪武十六年四月　日（二行）"，左侧铭文是"祐字五十三号"（图九）。云南省大理市博物馆藏。

10. 大理卫中左千户所百户之印

铜质方印，直纽。印边长7.2厘米、厚1.2厘米，通高8.5厘米。印文是阳文九叠篆体字。印背刻楷书铭文，背右铭文是"大理卫中左千户所百户之印"，背左铭文是"礼部造（一行）洪武十七年七月　日（二行）"，左侧铭文是"祐字五十九号"（图一〇）。云南省大理市博物馆藏。

11. 大理卫中左千户所百户之印

铜质方印，直纽。印边长7.2厘米、厚1.4厘米，通高8.4厘米。印文是阳文九叠篆体字。印背刻楷书铭文，背右铭文是"大理卫中左千户所百户之印"，背左铭文是"礼部造（一行）洪武十七年七月　日（二行）"，左侧铭文是"祐字六十三号"（图一一）。云南省大理市博物馆藏。

12. 大理卫中左千户所百户之印

铜质方印，直纽。印边长7.3厘米、厚1.4厘米，通高8.7厘米。印文是阳文九叠篆体刻字。印背刻楷书铭文，背右铭文是"大理卫中左千户所百户之印"，背左铭文是"礼部造（一行）洪武十七年七月　日（二行）"，左侧铭文是"祐字六十四号"（图一二）。云南省大理市博物馆藏。

13. 大理卫中右千户所百户之印

铜质方印，直纽。印边长 7.2 厘米、厚 1.4 厘米，通高 8.5 厘米。印文是阳文九叠篆体刻字。印背刻楷书铭文，背右铭文是"大理卫中右千户所百户之印"，背左铭文是"礼部造（一行）洪武十七年七月　日（二行）"，左侧铭文是"祐字七十二号"（图一三）。云南省大理市博物馆藏。

14. 大理卫中右千户所百户之印

铜质方印，直纽。印边长 7.2 厘米、厚 1.4 厘米，通高 8.4 厘米。印文是阳文九叠篆体字。印背刻楷书铭文，背右铭文是"大理卫中右千户所百户之印"，背左铭文是"礼部造（一行）洪武十七年七月　日（二行）"，左侧铭文是"祐字七十四号"（图一四）。云南省大理市博物馆藏。

15. 大理卫中前千户所百户之印

铜质方印，直纽。印边长 7.3 厘米、厚 1.6 厘米，纽高 8.3 厘米。印文是阳文九叠篆体刻字。印背刻楷书铭文，背右铭文是"大理卫中前千户所百户之印"，背左铭文是"礼部造（一行）洪武十七年七月　日（二行）"，左侧铭文是"祐字八十号"（图一五；图版二，2）。云南省博物馆藏。

16. 大理卫左前千户所百户之印

铜质方印，直纽。印边长 7.3 厘米、厚 1.5 厘米，通高 8.4 厘米。印文是阳文九叠篆体刻字。印背刻楷书铭文，背右铭文是"大理卫左前千户所百户之印"，背左铭文是"礼部造（一行）洪武十七年七月　日（二行）"，左侧铭文是"祐字一百七号"（图一六；图版二，3）。云南省博物馆藏。

17. 大理卫太和千户所百户之印

铜质方印，直纽。印边长 7 厘米、厚 1.3 厘米，通高 8.8 厘米。印文是阳文九叠篆体字。印背刻楷书铭文，背右铭文是"大理卫太和千户所百户之印"，背左铭文是"礼部造（一行）永乐元年十月　日（二行）"，左侧铭文是"云字二百号"（图一七）。云南省大理市博物馆藏。

18. 赵州僧正司记

铜质长方形印，直纽。印长 8.2 厘米、宽 4.1 厘米、厚 1.2 厘米，通高 7 厘米。印文是阳文九叠篆体字。印背刻楷书铭文，背右铭文是"赵州僧正司记"，背左铭文是"礼部造（一行）洪武十七年正月　日（二行）"，左侧铭文是"□字二百八十七号"（有一字不明。图一八，1）。云南省大理市博物馆藏。

赵州是大理府之一州。僧正司是官署名，是明清专管佛教徒事务的机构。府设僧纲司，州设僧正司，县设僧会司。赵州其地即今大理凤仪镇，今镇内仍存州城城墙残垣。

20. 邓川州驿记

铜质长方形印，直纽。印长 8 厘米、宽 4 厘米、厚 1 厘米，通高 8 厘米。印文是阳文九叠篆体字。印背刻楷书铭文，背右铭文是"邓川州驿记"，背左铭文是"礼部造（一行）洪武十七年六月　日（二行）"，左侧铭文是"□字三百五十号"（有一字不明。图一八，2）。云南省大理市博物馆藏。

驿是传送公文的人和来往官员暂住、换马的处所，此印可证邓川州曾设置驿站。邓川州，元至元十一年（1274 年）置，领浪穹县、凤羽县，隶于大理路。明裁凤羽县并归浪穹，设邓川州，领浪穹县，隶于大理府。其地即今洱源县邓川镇。

20. 溪处甸长官司印

铜质方印，直纽。印边长 6.8 厘米、厚 1.5 厘米，纽高 7.9 厘米。印文是阳文九叠篆体刻字。印背刻楷书铭文，背右铭文是"弘武拾捌年拾壹月（一行）礼部造（二行）"，背左铭文是"溪处甸长官司正长官印"，右侧铭文是"盛平二十九号"（图一九，1）。云南省博物馆藏。

天启《滇志·羁縻志·土司官氏·临安府》载："溪处甸长官司土官束充，和泥人（今哈尼族），洪武中归附，授副长官。"至民国十七年，赵其礼袭，计传 24 世。弘与洪通假，洪武年号计 31 年，印载年代与文献记载年代相吻合。

溪处其地即今红河县之石头寨乡。参见其后"民国土司印"。

21. 样备驿记

铜质长方形印，直纽。印边长 8 厘米、宽 4 厘米、厚 1 厘米，通高 7.5 厘米。印文是阳文九叠篆体字。印背刻楷书铭文，背右铭文不明，背左铭文是"礼部造（一行）洪武十九年十月　日（二行）"，左侧铭文是"乐字七百二十号"（可识，不可拓。图一九，2）。云南省大理市博物馆藏。

样备其地即今大理白族自治州漾濞彝族自治县县城，《景泰云南图经志》载，明洪武十七年置①。

22. 洱海卫右千户所百户印

铜质方印，直纽。印边长 7.1 厘米、厚 1.3 厘米，通高 8.3 厘米。印文是阳文九叠篆体字。印背刻楷书铭文，背右铭文是"洱海卫右千户所百户印"，背左铭文是"礼部造（一行）洪武二十年正月　日（二行）"，左侧铭文是"洱字十六号"（图二三，1）。云南省大理市博物馆藏。

---

① （明）陈文修，李春龙、刘景毛校注：《景泰云南图经志书校注》301 页，云南民族出版社，2002 年。

《明实录卷之一百七十七》载，洪武十九年夏四月，置云南洱海卫指挥使司，并左、右、中、前、后五千户所，以赖镇为指挥佥事。洱海本品甸（今祥云县城）地，经兵之余，人民流亡，室庐无复存者。镇至修浚城隍，建谯楼，创卢舍，分市里，立屯堡，筑堤防。

洱海卫其地即今祥云县城。此印及后述洱海印，当是置卫后所颁之印信。

23. 洱海卫右千户所百户印

铜质方印，直纽。印边长7.1厘米、厚1.3厘米，通高8.4厘米。印文是阳文九叠篆体字。印背刻楷书铭文，背右铭文是"洱海卫右千户所百户印"，背左铭文是"礼部造（一行）洪武二十年正月　日（二行）"，左侧铭文是"洱字十九号"（图二○）。云南省大理市博物馆藏。

24. 洱海卫右千户所百户印

铜质方印，直纽。印边长7.1厘米、厚1.3厘米，通高8.3厘米。印文是阳文九叠篆体字。印背刻楷书铭文，背右铭文是"洱海卫右千户所百户印"，背左铭文是"礼部造（一行）洪武二十年正月　日（二行）"，左侧铭文是"洱字二十一号"（图二一）。云南省大理市博物馆藏。

25. 洱海卫前千户所百户印

铜质方印，直纽。印边长7.1厘米、厚1.2厘米，通高8.5厘米。印文是阳文九叠篆体字。印背刻楷书铭文，背右铭文是"洱海卫前千户所百户印"，背左铭文是"礼部造（一行）洪武二十三年正月　日（二行）"，左侧铭文是"洱字四十一号"（图二二）。云南省大理白族自治州博物馆藏。

26. 蒙化卫左千户所百户印

铜质方印，直纽。印边长7.1厘米、厚1.2厘米，通高8.4厘米。印文是阳文九叠篆体字。印背刻楷书铭文，背右铭文是"蒙化卫左千户所百户印"，背左铭文是"礼部造（一行）洪武二十三年九月　日（二行）"，左侧铭文是"化字二号"（图二三，2）。云南省大理市博物馆藏。

《明实录卷之二百六》载，洪武二十三年十一月，置景东、蒙化二卫。蒙化卫在蒙化府治（今巍山）南，所辖千户所八[①]。此印及后述各印当是置卫后所颁之印。

27. 蒙化卫左千户所百户印

铜质方印，直纽。印边长7.1厘米、厚1.2厘米，通高8.8厘米。印文是阳文九叠篆体字。印背刻楷书铭文，背右铭文是"蒙化卫左千户所百户印"，背左铭文是"礼部造（一行）洪武二十三年九月　日（二行）"，左侧铭文是"化字四号"（图二四）。云南省大理市博物馆藏。

---

① 《新纂云南通志·军制考一》。

28. 蒙化卫右千户所百户印

铜质方印，直纽。印边长 7 厘米、厚 1.3 厘米，通高 8.5 厘米。印文是阳文九叠篆体字。印背刻楷书铭文，背右铭文是"蒙化卫右千户所百户印"，背左铭文是"礼部造（一行）洪武二十三年九月　日（二行）"，左侧铭文是"化字二十一号"（图二五）。云南省大理市博物馆藏。

29. 蒙化卫中千户所百户印

铜质方印，直纽。印边长 7.1 厘米、厚 1.4 厘米，通高 8.4 厘米。印文是阳文九叠篆体字。印背刻楷书铭文，背右铭文是"蒙化卫中千户所百户印"，背左铭文是"礼部造（一行）洪武二十三年九月　日（二行）"，左侧铭文是"化字二十七号"（图二六）。云南省大理市博物馆藏。

30. 蒙化卫前千户所管军印

铜质方印，直纽。印边长 7.3 厘米、厚 1.4 厘米，通高 9.3 厘米。印文是阳文九叠篆体字。印背刻楷书铭文，背右铭文是"蒙化卫前千户所管军印"，背左铭文是"礼部造（一行）洪武二十三年九月　日（二行）"，左侧铭文是"化字三十四号"（图二七）。云南省大理市博物馆藏。

31. 蒙化卫后千户所百户印

铜质方印，直纽。印边长 7 厘米、厚 1.3 厘米，通高 8.2 厘米。印文是阳文九叠篆体字。印背刻楷书铭文，背右铭文是"蒙化卫后千户所百户印"，背左铭文是"礼部造（一行）洪武二十三年九月　日（二行）"，左侧铭文是"化字五十三号"（图二八）。云南省大理市博物馆藏。

32. 蒙化卫中左千户所百户之印

铜质方印，直纽。印边长 7 厘米、厚 1.4 厘米，通高 8.5 厘米。印文是阳文九叠篆体字。印背刻楷书铭文，背右铭文是"蒙化卫中左千户所百户之印"，背左铭文是"礼部造（一行）洪武二十九年十一月　日（二行）"，左侧铭文是"化字五十七号"（图二九）。云南省大理市博物馆藏。

33. 蒙化卫中右千户所百户之印

铜质方印，直纽。印边长 7.1 厘米、厚 1.4 厘米，通高 8.8 厘米。印文是阳文九叠篆体字。印背刻楷书铭文，背右铭文是"蒙化卫中右千户所百户之印"，背左铭文是"礼部造（一行）永乐元年十月　日（二行）"，左侧铭文是"云字一百七十六号"（图三〇）。云南省大理市博物馆藏。

34. 蒙化卫中前千户所百户之印

铜质方印，直纽。印边长 7 厘米、厚 1.3 厘米，通高 8.7 厘米。印文是阳文九叠篆体字。印背刻楷书铭文，背右铭文是"蒙化卫中前千户所百户之印"，背左铭文是"礼部造（一行）永乐元年十月　日（二行）"，左侧铭文是"云字一百七十九号"（图三一）。云南省大理市博物馆藏。

35. 澜沧卫军民指挥使司左千户所百户印

铜质方印，直纽。印边长 7.2 厘米。印文是阳文九叠篆体刻字。印背刻楷书铭文，背右铭文是"澜沧卫军民指挥使司左千户所百户印"，背左铭文是"礼部造（一行）洪武二十九年正月 日（二行）"，左侧铭文是"澜字六号"（图三二；图版二，1）。云南省大理白族自治州博物馆藏。

《明实录》卷二百四十一载，洪武二十八年九月，置澜沧卫，辖千户所五，并筑卫城。弘治九年（1496 年），北胜州署迁入此城，又名北胜州城。清代先后名永北府、永北直隶厅城。民国二年，改名永北县城。1934 年改名永胜县城至今①。现城墙已不复存。此印及后述澜沧卫各印当是置卫后所颁印。

36. 澜沧卫军民指挥使司右千户所百户印

铜质方印，直纽。印边长 7.1 厘米、厚 1.5 厘米，通高 9.3 厘米。印文是阳文九叠篆体字。印背刻楷书铭文，背右铭文是"澜沧卫军民指挥使司右千户所百户印"，背左铭文是"礼部造（一行）洪武二十九年正月 日（二行）"，左侧铭文是"澜字二十号"（图三三）。云南省大理白族自治州博物馆藏。

37. 澜沧卫军民指挥使司前千户所百户印

铜质方印，直纽。印边长 7.1 厘米、厚 1.4 厘米，通高 7.5 厘米。印文是阳文九叠篆体刻字。印背刻楷书铭文，背右铭文是"澜沧卫军民指挥使司前千户所百户印"，背左铭文是"礼部造（一行）洪武二十九年正月 日（二行）"，左侧铭文是"澜字四十四号"（图三四）。云南省大理市博物馆藏。

38. 澜沧卫军民指挥使司前千户所百户印

铜质方印，直纽。印边长 7.0 厘米，纽高 7.5 厘米。印文是阳文九叠篆体刻字。印背刻楷书铭文，背右铭文是"澜沧卫军民指挥使司前千户所百户印"，背左铭文是"礼部造（一行）洪武二十九年正月 日（二行）"，左侧铭文不明。云南省瑞丽市文物管理所藏。

39. 澜沧卫军民指挥使司后千户所百户印

铜质方印，直纽。印边长 7.1 厘米、厚 1.4 厘米，通高 8.8 厘米。印文是阳文九叠篆体刻字。印背刻楷书铭文，背右铭文是"澜沧卫军民指挥使司后千户所百户印"，背左铭文是"礼部造（一行）洪武二十九年正月 日（二行）"，左侧铭文是"澜字五十四号"（图三五）。云南省大理白族自治州博物馆藏。

40. 木邦军民宣慰使司印

铜质方印，直纽。印边长 8.5 厘米、厚 2.4 厘米。纽高 9.5 厘米。重 2.02 千克。

---

① 黄彩文：《澜沧卫的设置及其在永胜历史上的进步作用》，《云南师范大学学报》2003 年 3 期 129～131 页。

印文是阳文九叠篆体字。印背刻楷书铭文，背右铭文是"木邦军民宣慰使司印"，背左铭文是"礼部造（一行）永乐二年六月　日（二行）"，左侧铭文是"磨字六十号"（图三六，1）。1950年于苏州市收集，现藏南京博物院。

《明史·云南土司三·木邦》载："木邦，一名孟邦。元至元二十六年立木邦路军民总管府，领三甸。洪武十五年平云南，改木邦府。建文末，土知府罕的法遣人贡马及金银器，赐钞币。……（永乐二年）改木邦为军民宣慰司，以知府罕的法为使，赐诰印。……（万历）十二年，官军破缅于姚关，立其子钦。钦死，其叔罕楛约暹罗攻缅，缅恨之。三十四年，缅以三十万众围其城。请救于内地，不至，城陷，罕楛被掳。缅伪立孟密思礼领其众。事闻，黜总兵官陈寅，木邦遂亡。"罕氏自罕的法至罕黜，共传袭了十位。此印印文、铭文所述与文献罕的法的记载一致，当是明朝赐罕的法印。罕氏族属为今掸族①。

木邦其地，今已在境外。其首府叫木邦城，在今缅甸腊戍东北兴威。今英文地名作shend，汉译为新威、兴威或盛威。英文是据宣慰音译而来，义由英文转译为汉文后，已失原文之意。

41. 元江军民府印

铜质方印，直纽。印边长8.4厘米、厚2厘米，通高8.5厘米。印文是阳文九叠篆体刻字。印背刻楷书铭文，背右铭文是"元江军民府印"，背左铭文是"礼部造（一行）永乐三年七月　日（二行）"，左侧铭文是"□字二十一号"（第一字不明。图三六，2）。1987年6月于云南墨江县孟弄乡石龙村农民家中发现②。

《明史·地理志》载"元江军民府元江路。洪武十五年三月为府。永乐初，升军民府。领州二。"其地在今元江县城。

《明史·云南土司二·元江》载："洪武十五年改元江府，十七年土官那直来朝贡象，以那直为元江知府，赐袭衣冠带。"传至那嵩，顺治十六年，与李定国谋叛，铎尼、吴三桂讨平之。十七年，改设流官③，计传16代，其永乐年间为那荣，此印当是那荣时所用之印。那荣其族属为百夷人，即今傣族。

42. 大罗卫右千户所管军印

铜质方印，直纽。印边长7.6厘米，印文是阳文九叠篆体字。印背刻楷书铭文，背右铭文是"大罗卫右千户所管军印"，背左铭文是"礼部造（一行）弘治七年正月　日（二行）"，左侧铭文是"弘字八百三十七号"（图三七，1）。云南省大理白族自治州博物馆藏。

① 龚荫编著：《明清云南土司通纂》199～200页，云南民族出版社，1985年。

② 黄桂枢主编：《思茅地区文物志》254页，云南民族出版社，2002年。

③ 道光《云南志钞·土司志下·元江直隶州》。

大罗卫，弘治六年（1493年）置，其地在宾川州治东大罗山下。印为初建时所颁之印，其后大罗卫4印为置卫后所颁印信。

43. 大罗卫左千户所百户印

铜质方印，直纽。印边长7厘米、厚1.3厘米，通高8.4厘米。印文是阳文九叠篆体刻字。印背刻楷书铭文，背右铭文是"大罗卫左千户所百户印"，背左铭文是"礼部造（一行）弘治七年正月　日（二行）"，左侧铭文是"弘字八百三十八号"（图三七，2）。云南省大理市博物馆藏。

44. 大罗卫左千户所百户印

铜质方印，直纽。印边长7.1厘米、厚1.2厘米，通高8.4厘米。印文是阳文九叠篆体字。印背刻楷书铭文，背右铭文是"大罗卫左千户所百户印"，背左铭文是"礼部造（一行）弘治七年正月　日（二行）"，左侧铭文是"弘字八百四十五号"（图三八）。云南省大理白族自治州博物馆藏。

45. 大罗卫右千户所百户印

铜质方印，直纽。印边长7.1厘米、厚1.2厘米，通高8.7厘米。印文是阳文九叠篆体刻字。印背刻楷书铭文，背右铭文是"大罗卫右千户所百户印"，背左铭文是"礼部造（一行）弘治七年正月　日（二行）"，左侧铭文是"弘字八百五十二号"（图三九）。云南省大理白族自治州博物馆藏。

46. 大罗卫右千户所百户印

铜质方印，直纽。印边长7.1厘米、厚1.2厘米，通高8.4厘米。印文是阳文九叠篆体字。印背刻楷书铭文，背右铭文是"大罗卫右千户所百户印"，背左铭文是"礼部造（一行）弘治七年正月　日（二行）"，左侧铭文是"弘字八百五十五号"（图四○）。云南省大理白族自治州博物馆藏。

47. 永昌卫前前千户所百户印

铜质方印，直纽。印边长7厘米。印文是阳文九叠篆体字。印背刻楷书铭文，背右铭文是"永昌卫前前千户所百户印"，背左铭文是"礼部造（一行）嘉靖四年九月　日（二行）"，左侧铭文是"嘉字四百六十三号"（图四一）。云南省大理市博物馆藏。

永昌卫，洪武十五年置，其地在永昌府治，即今保山市隆阳区。

48. 云南前卫后千户所百户之印

铜质方印，直纽。印边长7.2厘米。印文是阳文九叠篆体刻字（图四二，1）。1989年昆明市西山区碧鸡乡灰湾村陈德修房时出土。

《明实录》载，明洪武十五年春正月，"置云南左、右、前、后……一十四卫指挥使司"①。此印及后述印当是置卫后所颁之印。云南4卫均在云南府，即今昆明市。

_____

① 《明实录·太祖高皇帝实录卷之一百四十一》。

49. 云南前卫左千户所百户之印

铜质方印，直纽。印边长 7.1 厘米。印文是阳文九叠篆体刻字（图四二，2）。
1989 年昆明市西山区碧鸡乡灰湾村陈德修房时出土。

附：云南省昆明市五华山南麓云南省高级法院工地出土的广西明代官印 2 方。这 2 方印与南明官印一起出土，同属窖藏。可能是当地官员随南明政权到昆明后而留下。

50. 太平府印

铜质方印，直纽。印边长 8 厘米，通高 8.8 厘米。印文是阳文九叠篆体字。印背刻楷书铭文，背右铭文是"太平府印"，背左铭文是"礼部造（一行）万历四十三年九月　日（二行）"，左侧铭文是"万字四千七百一十四号"（图四三，1；图版三，2）。1992 年昆明五华山云南省高级法院工地出土①，云南省博物馆藏。

太平府有两地。其一辖地约相当于今天的安徽当涂、繁昌、芜湖等县地。宋太平兴国二年（977 年），南平升为州，用年号头两字定名，置为太平州，州治设在今安徽省当涂县。元代又升太平州为太平路；明代改太平州为太平府。其二当今广西壮族自治区崇左市。唐末设邕管羁縻太平州、左州。宋初沿袭唐制。太宗太平兴国年间设左江道，置 5 寨中有太平寨（治今崇左）。皇祐五年（1053 年），置崇善县，隶于邕州都督府，辖太平寨。元世祖至元二十九年（1292 年）闰六月改太平寨置太平路，太平为辖州之一。明洪武二年（1369 年）七月改太平路为广西布政司左江道太平府。

此官印为明万历四十三年（1615 年）制，崇左其地为南明地，故推测此印当为崇左之太平府用印。

51. 宾州之印

铜质方印，直纽。印边长 7.4 厘米、厚 1.2 厘米，通高 9.2 厘米。印文是阳文九叠篆体刻字。印背刻楷书铭文，背右铭文是"宾州之印"，背左铭文是"礼部造（一行）崇祯八年囗月　日（有一字不明，二行）"，左侧铭文是"崇字二千六十五号"（图四三，2）。1992 年昆明五华山云南省高级法院工地出土，云南省博物馆藏。

宾州其地在今广西宾阳南，辖地约当今广西宾阳县地。唐贞观五年（631 年）设宾州，州治在岭方。宋以后，辖地扩大。元代升宾州为路，辖地相当于今宾阳、上林及来宾县所辖的迁江，后又降为州。明初仍设为州，治在岭方。此印是明崇祯八年（1635 年）为宾州颁发之印。

① 萧明华：《云南昆明五华山出土明代官印》，《文物》1999 年 7 期。

第四章　南明官印

1. 敕命之宝玉玺

又名永历玉玺。玉质方印，龙纽。印边长 12.2 厘米、厚 2.8 厘米。纽高 4.8 厘米，印通高 7.6 厘米。印文是篆书阳文刻字。印身无铭文。印已残断为两半（图四四；图版三，1）。印是清光绪三十三年（1907 年）在昆明市五华山南麓修建两级师范学堂大楼时，于水池中出土①。云南省博物馆藏。

1655 年，永历帝转至昆明，住孙可望所建王府（今五华山）。孙可望降清后，出兵犯滇，被李定国击败。后清兵三路入滇，永历帝仓促西走，把玉玺扔于水池中，为后人所得。

《明会要》卷二十四载：明"宝玺共二十有四。……敕，用'敕命之宝'。"此印与文献记载相同，为二十四宝之一。

2. 宝山州印

铜质方印，直纽。印边长 7.5 厘米、厚 1.3 厘米，纽高 8 厘米。印文是阳文九叠篆体字。印背右刻楷书铭文，背右铭文是"永历十年九月　日（一行）礼部造（二行）"，背左铭文是"宝山州印"，背上铭文是"永字叁仟伍百拾柒号"（图四五，1）。1984 年 3 月于云南省丽江纳西族自治县大研镇北门坡下出土②。

宝山土官，据《土官底簿·宝山州知州》载："和耐，本州人，前元任本州知州。洪武十五年（1380 年），本州系边境，西番俱系生拗么些蛮，如他出官劝人民认纳粮差，本府前故土官木得委充火头。洪武三十二年（1399 年），见任土官知府木森举保袭任知州，西平候暂令管事，后准任知州。患病。男阿日赴京朝贺，永乐四年正月，奉圣旨：'先着他替做知州。还去照勘，他父病的缘故。钦此'。"此后未见记载。据调查，和氏族属为纳西族③。见于文献，共传袭了二位。据此印，宝山州之设，至永历时仍存，知州很有可能仍为和氏。

明代，宝山州是丽江府四州之一，其境当今丽江县大具、大东、奉科、宝山一带。

---

① 方国瑜：《云南史料目录概说·卷九·明时期文物》，中华书局，1984 年。

② 赵净修：《丽江发现永历帝颁发的黄铜印》，《春城晚报》1984 年 10 月 10 日 1 版。

③ 龚荫编著：《明清云南土司通纂》158 页，云南民族出版社，1985 年。

治在今丽江市玉龙纳西族自治县宝山乡石头城。

3. 寻甸军民府印

铜质方印，直纽。印边长 8.1 厘米、厚 1.5 厘米，通高 9.6 厘米。印文是阳文九叠篆体刻字。印背刻楷书铭文，背右铭文是"永历十年九月　日（一行）礼部造（二行）"，背左铭文是"寻甸军民府印"，背上铭文是"永字叁仟伍百贰拾壹号"（图四五，2）。1992 年昆明五华山云南省高级法院工地出土①，云南省博物馆藏。

寻甸其地当今云南寻甸县。唐代，寻甸称仁地部。元代，称为仁德府。明洪武十六年冬十月，改仁德军民府为寻甸军民府②。南明沿袭。

4. 岩上岩下长官司之印

铜质方印，直纽。印边长 7.3 厘米、厚 1.3 厘米。纽高 8.2 厘米。印文是阳文九叠篆体刻字。印背刻楷书铭文，背右铭文是"永历十二年三月　日（一行）礼部造（二行）"，背左铭文是"岩上岩下长官司之印"，背上铭文是"永字五仟贰百号"（图四六，1）。1983 年 8 月，曲靖市麒麟区大坡乡农民在妥乐江中捞沙而得。曲靖市文物管理所藏③。

长官司是明朝在少数民族地区实行土司制度的一种设置。此印称长官司，说明此地也是少数民族地区。

查云南岩上岩下地名，有此二村并相连者，在今云南省华坪县文乐傈僳乡政府南岩上村岩下村。有岩上村，在今之云南省曲靖市会泽县大井镇和宣威县海岱镇。宣威县海岱镇岩上村委会是大村，以彝族为主，会泽县大井镇岩上村是山区小村，据村规模和印来历推测，南明政权所设岩上岩下长官司很可能在宣威县海岱镇岩上村。

5. 临安府纳楼茶甸世袭九表官司普关防

铜质长方形印，直纽。印长 10.2 厘米、宽 5.9 厘米、厚 2.2 厘米。纽高 10.4 厘米。印文为九叠篆体阳文刻字。印身无铭文（图四六，2）。云南省博物馆藏。

此印印文无满文，印文字体、印的形状与上海市博物馆藏南明印同④，故推定为南明印。

明、清时期，临安称府，治建水。纳楼茶甸司署其地在今红河哈尼族彝族自治州建水县坡头乡回新村。土司普氏称罗罗人，即今彝族⑤。

纳楼茶甸土官世系，据《新纂云南通志·土司考四·世官一·临安府》载："纳楼

①　昆明五华山出土官印见萧明华：《云南昆明五华山出土明代官印》，《文物》1999 年 7 期。

②　《明实录》。

③　范利军主编：《曲靖市文物志》110 页，云南民族出版社，1989 年。

④　上海市博物馆编：《上海博物馆藏印选》138 页，上海书画出版社，1991 年。

⑤　龚荫编著：《明清云南土司通纂》79、80 页，云南民族出版社，1985 年。

茶甸长官司土副长官普永年，其先自唐至元皆为蛮酋。明洪武十五年，金朝兴定云南，司酉普少赏历代印符纳款，授长官司副长官。十七年朝贡，给诰命、冠带遣归。传十一世至普率，率父延兴，崇祯时与土酋普名声构难难死，率年八岁，沙定州屡谋害之，赖其母禄氏匿之，于元江得免。清初平滇投诚，仍授世职。……永年卒，子卫邦末及岁亡。土族争袭仇杀，光绪中，总督岑毓英、巡抚唐炯奏择亲支分纳楼四土舍承袭。……光绪九年，普文理袭职。二十九年，因案改由普安邦袭。民国四年，安邦赴粤，由普国泰代。十一年，普家福袭。二十六年，普鸿武袭。"自普少赏至普鸿武计传袭了16位。其中，普率处于明清交替之际，铜印应为其所用之印。参见其后《临安县纳楼乐善永顺二里及江外三猛地方土司印》条。

6. 总督旗鼓关防

铜质长方印，直纽。印长 9.9 厘米、宽 6.1 厘米、厚 1.4 厘米，通高 10 厘米。印文是阳文九叠篆体字。印背刻楷书铭文，背右铭文是"总督旗鼓关防"，背左铭文是"礼部造（一行）永历三年□月　日（二行，有 1 字不明）"，背上铭文是"永字乙千二百二号"（图四七，1）。1992 年昆明五华山云南省高级法院工地出土。云南省博物馆藏。

总督，官名，明代初期在用兵时，派部院官总督军务，事毕即罢，成化五年，始设两广总督，后成定制。南明也沿袭。

7. 勇卫前营总兵官关防

铜质长方印，直纽。印长 9.5 厘米、宽 5.4 厘米、厚 1.1 厘米，通高 9.6 厘米。印文是阳文九叠篆体刻字。印背刻楷书铭文，背右铭文是"勇卫前营总兵官关防"，背左铭文是"礼部造（一行）永历四年四月　日（二行）"，背上铭文是"永字一千九百拾号"（图四七，2；图版四，2）。1992 年昆明五华山云南省高级法院工地出土。云南省博物馆藏。

据史载："管勇卫营内监庞天寿"，"大司礼庞天寿自养御营兵十营，……一营十人，十营百人，此皆天寿出己钞，以为永历视朝日仪卫拥护，亦竭苦支矣。"[1] 秦王孙可望"有札谕天寿、吉翔云：'凡朝廷内外机务，惟执事力为仔肩，若有不法臣工，一听戎政、勇卫两衙门参处，以息纷嚣'"。据此而知，南明勇卫是太监掌管的御营兵[2]。

8. 驻镇修文总兵关防

铜质长方印，直纽。印长 9.7 厘米、宽 5.4 厘米、厚 1.1 厘米，通高 9 厘米。印文是阳文九叠篆体字。印背刻楷书铭文，背右铭文是"驻镇修文总兵关防"，背左铭文是

---

① 计六奇：《明季南略》卷一二。
② 龙腾：《云南昆明五华山出土明代官印之研究》，《文物》2001 年 8 期。计六奇：《明季南略》卷一四。

"礼部造（一行）永历四年八月　日（二行）"，背上铭文是"永字二千七十九号"（图四八，1）。1992 年昆明五华山云南省高级法院工地出土。云南省博物馆藏。

修文，地名，位于贵州中部乌江支流猫跳河下游东岸。据《修文县志》记载：崇祯"三年三月，安位（彝族）乞降，乃献水外六目地。六目者，今修文、扎佐、息烽、六广、九庄、安底是也。诏设敷勇卫，领修文、于襄、濯灵、息烽四千户所"。清康熙二十六年（1687 年），裁敷勇卫置修文县，县治位龙场镇，属贵阳府。其地当今贵阳市修文县。

总兵，武官名，开始无品位，也无定员，为临时差遣官员，后成为常驻武官。

9. 宣谕滇藩联络勋镇礼科关防

铜质长方印，直纽。印长 10.1 厘米、宽 5.6 厘米、厚 1 厘米。印通高 9.5 厘米。印文是阳文九叠篆体字。印背刻楷书铭文，背右铭文是"永历四年十二月　日　礼部造"，背左铭文是"宣谕滇藩联络勋镇礼科关防"，背上铭文是"永字贰千五百二十七号"（图四八，2）。1992 年昆明五华山云南省高级法院工地出土。云南省博物馆藏。

宣谕即宣告知晓。滇藩即指割据之云南。勋镇，即指沐氏后裔沐天波。由印而知，此印是南明王朝专为联络云南方面事而派官员，并为之铸印。

10. 蜀府审理所印

铜质方印，直纽。印边长 6.9 厘米、厚 1.3 厘米，通高 9.3 厘米。印文是阳文九叠篆体字。印背刻楷书铭文，背右铭文是"永历十年七月　日（一行）礼部造（二行）"，背左铭文是"蜀府审理所印"，背上铭文是"永字叁千叁百拾号"（图四九，1）。1992 年昆明五华山云南省高级法院工地出土。云南省博物馆藏。

11. 平北右将军下中军关防

铜质长方印，直纽。印长 9.9 厘米、宽 6.4 厘米、厚 1.5 厘米，通高 9.8 厘米。印文是阳文九叠篆体字。印背及左侧刻楷书铭文，背右铭文是"永历十年七月　日（一行）礼部造（二行）"，背左铭文是"平北右将军下中军关防"，背上铭文是"永字叁千叁百肆拾柒号"（图四九，2）。1992 年昆明五华山云南省高级法院工地出土。云南省博物馆藏。

将军，武官名，分左、中、右。并有上、中、下等军。

12. 定朔左将军下中军关防

铜质长方印，直纽。印长 9.9 厘米、宽 6.3 厘米、厚 1.5 厘米，通高 9.5 厘米。印文是阳文九叠篆体字。印背刻楷书铭文，背右铭文是"永历十年七月　日（一行）礼部造（二行）"，背左铭文是"定朔左将军下中军关防"，背上铭文是"永字叁千叁百伍拾号"（图五〇）。1992 年昆明五华山云南省高级法院工地出土。云南省博物馆藏。

定朔是中国古代传统历法中的一种计算方法，与平朔相对。朔即指北方。印称定朔，当是定北之意。

13. 镇朔坐营总兵关防

铜质长方印，直纽。印长 10.7 厘米、宽 7.5 厘米、厚 1.7 厘米，通高 10 厘米。印文是阳文九叠篆体字。印背刻楷书铭文，背右铭文是"永历十年八月　日（一行）礼部造（二行）"，背左铭文是"镇朔坐营总兵关防"，背上铭文是"永字叁千叁百玖拾陆号"（图五一；图版四，3）。1992 年昆明五华山云南省高级法院工地出土。云南省博物馆藏。

镇朔当是镇北之意。

14. 镇朔左将军下旗鼓关防

铜质长方印，直纽。印长 9.0 厘米、宽 5.7 厘米、厚 1.4 厘米，通高 9.5 厘米。印文是阳文九叠篆体刻字。印背刻楷书铭文，背右铭文是"永历十年十月　日（一行）礼部造（二行）"，背左铭文是"镇朔左将军下旗鼓关防"，背上铭文是"永字肆千贰拾肆号"（图五二，1）。1992 年昆明五华山云南省高级法院工地出土。云南省博物馆藏。

由印而知，旗鼓官也分上、中、下。

15. 巩国爵标中军总兵关防

铜质长方印，直纽。印长 10.7 厘米、宽 7.2 厘米、厚 1.6 厘米，通高 9.9 厘米。印文是阳文九叠篆体字。印背刻楷书铭文，背右铭文是"永历十年十一月　日（一行）礼部造（二行）"，背左铭文是"巩国爵标中军总兵关防"，背上铭文是"永字叁千捌百壹□□号"（有 2 字不明。图五二，2）。1992 年昆明五华山云南省高级法院工地出土。云南省博物馆藏。

据史载，永历十年（1656 年）三月。永历帝封白文选为巩国公。印称"巩国"①，当是指白文选。

16. 中左卫旗鼓官关防

铜质长方印，直纽。印长 9.6 厘米、宽 5.9 厘米、厚 1.4 厘米，通高 9.5 厘米。印文是阳文九叠篆体字。印背刻楷书铭文，背右铭文是"永历十一年十一月　日（一行）礼部造（二行）"，背左铭文是"中左卫旗鼓官关防"，背上铭文是"永字肆千肆百□□捌号"（有 2 字不明。图五三，1）。1992 年昆明五华山云南省高级法院工地出土。云南省博物馆藏。

17. 中右卫旗鼓官关防

铜质长方印，直纽。印长 9.5 厘米、宽 5.9 厘米、厚 1.2 厘米，通高 9.3 厘米。印文是阳文九叠篆体字。印背刻楷书铭文，背右铭文是"永历十一年十一月　日（一行）

---

① 龙腾：《云南昆明五华山出土明代官印之研究》，《文物》2001 年 8 期。计六奇：《明季南略》卷一四。

礼部造（二行）"，背左铭文是"中右卫旗鼓官关防"，背上铭文是"永字肆千肆百叁拾玖号"（图五三，2）。1992年昆明五华山云南省高级法院工地出土。云南省博物馆藏。

18. 巴松驿条记

铜质长方印，直纽。印长7.7厘米、宽4.3厘米、厚1.1厘米，通高7.9厘米。印文是阳文九叠篆体字。印背刻楷书铭文，背右铭文是"永历十二年七月　日（一行）礼部造（二行）"，背左铭文是"巴松驿条记"，背上铭文是"永字肆千伍百叁拾号"（图五四，1）。1992年昆明五华山云南省高级法院工地出土。云南省博物馆藏。

《建昌路考》载："会川卫……，西北五亭达大龙站，大龙北六亭至巴松营，始溯孙水。"① "会理州，巴松驿在州西北一百里。"② 巴松其地在今四川省会理县之北的云甸镇巴松村，是古代川滇通道上的一处重要驿站，始设于唐代。据此印，南明在此也沿袭设驿站。

19. 乐腰驿条记

铜质长方印，直纽。印长7.6厘米、宽4.2厘米、厚1.2厘米，通高9厘米。印文是阳文九叠篆体字。印背刻楷书铭文，背右铭文是"永历十二年七月　日（一行）礼部造（二行）"，背左铭文是"乐腰驿条记"，背上铭文是"永字肆千伍百叁拾肆号"（图五四，2）。1992年昆明五华山云南省高级法院工地出土。云南省博物馆藏。

史载"落腰铺，在县（西昌）南一百五十里"③，也称乐要铺，其地，即今四川省凉山彝族自治州德昌县南乐跃镇④。

20. 南路提塘游击关防

铜质长方印，直纽。印长9.9厘米、宽6.1厘米、厚1.4厘米，通高9.4厘米。印文是阳文九叠篆体字。印背刻楷书铭文，背右铭文是"永历十一年十月　日（一行）礼部造（二行）"，背左铭文是"南路提塘游击关防"，背上铭文是"永字肆千柒百肆拾陆号"（图五五，1）。1992年昆明五华山云南省高级法院工地出土。云南省博物馆藏。

提塘，专办交呈文件之事。明清时督抚派员驻在京城，传递有关本省的文书，称提塘官，以本省武举人、进士或低级候补武官充任。游击，武官名，汉始设，明为边

---

① 刘文征天启：《滇志》卷四。
② 嘉庆《四川通志·武备·驿传》卷八六。龙腾：《云南昆明五华山出土明代官印之研究》，《文物》2001年8期。计六奇：《明季南略》卷一四。蓝勇：《四川古代交通路线史》100页，西南师范大学出版社，1980年。
③ 嘉庆《四川通志·武备·铺递》卷八九。
④ 龙腾：《云南昆明五华山出土明代官印之研究》，《文物》2001年8期。蓝勇：《四川古代交通路线史》104页，西南师范大学出版社，1980年。

区守将，无品。据此印，当是南路派驻中央机构所在地，专门办理呈交文件的官员，其级为游击。

21. 沅州之印

铜质方印，直纽。印边长7.4厘米、厚1.4厘米，通高9.5厘米。印文是阳文九叠篆体字。印背面刻楷书铭文，背右铭文是"永历十一年十一月　日（一行）礼部造（二行）"，背左铭文是"沅州之印"，背上铭文是"永字肆千捌别（百）拾陆号"（图五五，2）。1992年昆明五华山云南省高级法院工地出土。云南省博物馆藏。

沅州辖地相当于今天的湖南省黔阳、芷江、怀化、会同、靖县、通道、新晃和贵州的天柱县等地。唐天授二年（691年），巫州改置为沅州，治所在龙标，即今湖南省黔阳西南黔城镇。唐开元中又改为巫州，大历中又改为叙州。宋熙宁七年（1074年），又改为巫州，把治所移到卢江，即今芷江。元至元九年中，改为沅江路。1364年，朱元璋又改为沅州府，洪武九年（1376年）改为沅州。此印称沅州，说明南明政权仍沿用明建制。其地即今湖南芷江侗族自治县。

22. 安顺军民府理刑厅关防

铜质长方印，直纽。印长9.6厘米、宽6.0厘米、厚1.2厘米，通高9.2厘米。印文是阳文九叠篆体字。印背刻楷书铭文，背右铭文是"永历十一年十一月　日（一行）礼部造（二行）"，背左铭文是"安顺军民府理刑厅关防"，背上铭文是"永字肆千捌别（百）陆拾叁号"（图五六，1）。1992年昆明五华山云南省高级法院工地出土。云南省博物馆藏。

理刑，专事刑事案件。厅，行政机构名，南明始设。安顺其地即今贵州安顺。

23. 石柱宣慰司经历司印

铜质方印，直纽。印边长7.1厘米、厚1.4厘米，通高9.5厘米。印文是阳文九叠篆体刻字。印背面刻楷书铭文，背右铭文是"永历十一年十二月　日（一行）礼部造（二行）"，背左铭文是"石柱宣慰司经历司印"（图五六，2），背上铭文是"永字肆千玖百拾伍号"。1992年昆明五华山云南省高级法院工地出土。云南省博物馆藏。

此印背上铭文称"石柱"，印文称石砫，砫、柱通用。石柱其地即今重庆市石柱土家族自治县，简称石柱县，位于重庆市东部、长江南岸、山峡库区腹心。宋末，始设石柱安抚司。元代初改为军民府，后又升为军民安抚司。天启二年（1622年）五月，石砫女土司秦良玉剿灭奢崇明叛军有功，"授都督金事，充总兵官。命（其子马）祥麟为宣慰使"。据此印，知南明仍沿袭。

宣慰司为明在少数民族地区设置的最高土司机构，其长称宣慰使，始于元，明继之，也是土官最高职衔。

24. 建武安边同知关防

铜质长方印，直纽。印长9.7厘米、宽6.2厘米、厚1.5厘米，通高9.5厘米。印文是阳文九叠篆体字。印背刻楷书铭文，背右铭文是"永历十一年十二月 日（一行）礼部造（二行）"，背左铭文是"建武安边同知关防"，背上铭文是"永字肆千玖百叁拾叁号"（图五七，1）。1992 年昆明五华山云南省高级法院工地出土。云南省博物馆藏。

建武，据史载："万历元年（1573 年），改戎县为兴文县……适中处建武、宁城……设镇守总兵、安边同知、坐营守备、乃建武守御千户所。"其地当今四川省宜宾市兴文县九丝城镇之建武村①。

安边如文意，当是安定边境之意。同知，官名，为府州佐官，分掌督粮、缉捕、海防、江防、水利、驻防、管地等。

25. 庆远府经历司印

铜质方印，直纽。印边长 7.1 厘米、厚 1.4 厘米，通高 9.5 厘米。印文是阳文九叠篆体刻字。印背刻楷书铭文，背右铭文是"永历十一年十二月 日（一行）礼部造（二行）"，背左铭文是"庆远府经历司印"，背上铭文是"永字肆千玖百叁拾捌号"（图五七，2）。1992 年昆明五华山云南省高级法院工地出土。云南省博物馆藏。

庆远其境当今广西宜山、东兰、忻城、环江、河池等县地。南宋咸淳元年（1265 年），以宜州为宋度宗的潜邸所在地，升为庆远府，治所设在宜州。元代改为庆远路，后又改为庆远、南丹、溪洞等处军民安抚司。明代复改为府。此印称府，仍为明建制。经历司为府中官职，职掌出纳文书。

26. 敷勇卫经历司印

铜质方印，直纽。印边长 7.3 厘米，厚 1.6 厘米，通高 9.7 厘米。印文是阳文九叠篆体字。印背刻楷书铭文，背右铭文是"永历十一年十二月 日（一行）礼部造（二行）"，背左铭文是"敷勇卫经历司印"，背上铭文是"永字肆千玖百叁拾玖号"（图五八）。1992 年昆明五华山云南省高级法院工地出土。云南省博物馆藏。

敷勇其地即今贵州省修文县。明洪武十九年（1386 年），贵州宣慰使奢香夫人承诏广开九驿，龙场为首驿。崇祯元年（1628 年）建龙场大城一座，奉旨题名敷勇。明崇祯三年（1630 年），于龙场设敷勇卫，卫领修文（扎佐）、濯灵（六广）、息烽、于襄（九庄）4 个御千户所。清康熙二十六年（1687 年），改敷勇卫设修文县，改卫城为县城②。

27. 靖州卫经历司印

铜质方印，直纽。印边长 7.3 厘米、厚 1.5 厘米，通高 9.6 厘米。印文是阳文九叠篆体字。印背刻楷书铭文，背右铭文是"永历十一年十二月 日（一行）礼部造（二

---

① 龙腾：《云南昆明五华山出土明代官印之研究》，《文物》2001 年 8 期。（明）曹学佺：《蜀中广记》卷三六。

② 龙腾：《云南昆明五华山出土明代官印之研究》，《文物》2001 年 8 期。

行）"，背左铭文是"靖州卫经历司印"，背上铭文是"永字肆千玖百肆拾陆号"（图五九，1）。1992 年昆明五华山云南省高级法院工地出土。云南省博物馆藏。

靖州境当今湖南会同以南的渠水流域和贵州境内以东的清水江流域。宋崇宁二年（1103 年），始置靖州，治所在靖县。元改为路，后降为州。明初升为府，后又降为州。据此印知，南明仍沿袭，并置靖州卫。

其地即今靖州苗族侗族自治县

28. 贵州卫经历司印

铜质方印，直纽。印边长 7.4 厘米、厚 1.5 厘米，通高 9.6 厘米。印文是阳文九叠篆体字。印背刻楷书铭文，背右铭文是"永历十一年十二月　日（一行）礼部造（二行）"，背左铭文是"贵州卫经历司印"，背上铭文是"永字肆千玖百陆拾壹号"（图五九，2；图版三，3）。1992 年昆明五华山云南省高级法院工地出土。云南省博物馆藏。

29. 宜山县印

铜质方印，直纽。印边长 7.0 厘米、厚 1.3 厘米，通高 8.9 厘米。印文是阳文九叠篆体字。印背刻楷书铭文，背右铭文是"永历十一年十二月　日（一行）礼部造（二行）"，背左铭文是"宜山县印"，背上铭文是"永字肆千玖百伍拾号"（图六〇）。1992 年昆明五华山云南省高级法院工地出土。云南省博物馆藏。

宜山，唐为龙水县，宋改为宜州，后改为宜山县，明、清沿袭。其地即今广西壮族自治区宜州市。

30. 思恩府经历司印

铜质方印，直纽。印边长 7.1 厘米、厚 1.2 厘米，通高 9.2 厘米。印文是阳文九叠篆体字。印背刻楷书铭文，背右铭文是"永历十一年十二月　日（一行）礼部造（二行）"，背左铭文是"思恩府经历司印"，背上铭文是"永字肆千玖百捌拾贰号"（图六一，1）。1992 年昆明五华山云南省高级法院工地出土。云南省博物馆藏。

思恩，唐贞观十二年（638 年）置县①，后改置为州。宋沿袭。明正统三年（1438 年）升为府。南明沿袭。期间，隶属及辖地时有变化。其地即今广西壮族自治区河池市环江毛南族自治县，县治所在地思恩镇仍保持原名。

31. 于襄守御千户所之印

铜质方印，直纽。印边长 7.4 厘米、厚 1.5 厘米，通高 9.7 厘米。印文是阳文九叠篆体字。印背刻楷书铭文，背右铭文是"永历十二年口口月　日（一行，有 2 字不明）礼部造（二行）"，背左铭文是"于襄守御千户所之印"，背上铭文是"永字肆千玖百捌拾玖号"（图六二）。1992 年昆明五华山云南省高级法院工地出土。云南省博物馆藏。

于襄其地在今贵州省息烽县西九庄镇。明崇祯三年（1630 年），于龙场设敷勇卫，

---

① 《新唐书·地理七》、《广西通志·郡县沿革五》卷七。

并置 4 个千户所，于襄是其中之一。清代，撤卫所并入修文县。1914 年，复设息烽县。（参见驻镇修文总兵官关防印）

32. 河池州儒学记

铜质长方印，直纽。印长 8.0 厘米、宽 4.6 厘米、厚 1.3 厘米，通高 8 厘米。印文是阳文九叠篆体刻字。印背刻楷书铭文，背右铭文是"永历十二年正月　日（一行）礼部造（二行）"，背左铭文是"河池州儒学记"，背上铭文是"永字伍千壹号"（图六一，2）。1992 年昆明五华山云南省高级法院工地出土。云南省博物馆藏。

宋始设河池县，明代改县为州，南明沿袭。其地即今广西壮族自治区北河池市。

33. 武缘县儒学记

铜质长方印，直纽。印长 8.0 厘米、宽 4.2 厘米、厚 1.2 厘米，通高 8.0 厘米。印文是阳文九叠篆体字。印背刻楷书铭文，背右铭文是"永历十二年正月　日（一行）礼部造（二行）"，背左铭文是"武缘县儒学记"，背上铭文是"永字伍千伍号"（图六三，1）。1992 年昆明五华山云南省高级法院工地出土。云南省博物馆藏。

武缘县其地当今广西武鸣县①。元朝，武缘县隶于邕州。明初，沿袭。明万历五年（1577 年），武缘县改隶于思恩府。清朝沿袭为武缘县。民国元年（1912 年），县人陆荣廷任广西督军，将武缘县改名为武鸣县并沿用至今，意"以武而鸣于天下"。

34. 平头守备关防

铜质长方印，直纽。印长 9.0 厘米、宽 5.5 厘米、厚 1.2 厘米，通高 9.3 厘米。印文是阳文九叠篆体刻字。印背刻楷书铭文，背右铭文是"永历十二年正月　日（一行）礼部造（二行）"，背左铭文是"平头守备关防"，背上铭文是"永字伍千拾号"（图六三，2）。1992 年昆明五华山云南省高级法院工地出土。云南省博物馆藏。

据查，四川省蓬安县有平头乡，贵州省松桃县有平头乡，山西省有平头镇。按南明中央政权主要活动于滇黔两省，故揣测为贵州省铜仁市松桃苗族自治县平头乡。

守备，武官名，明代始设，隶于总兵，位次于游击，职为驻守城哨。

35. 广顺州儒学记

铜质长方印，直纽。印长 8.0 厘米、宽 4.5 厘米、厚 1.2 厘米，通高 7.9 厘米。印文是阳文九叠篆体字。印背刻楷书铭文，背右铭文是"永历十二年二月　日（一行）礼部造（二行）"，背左铭文是"广顺州儒学记"，背上铭文是"永字伍千贰拾玖号"（图六三，3）。1992 年昆明五华山云南省高级法院工地出土。云南省博物馆藏。

广顺其地在今贵州省黔南州长顺县广顺镇②。宋朝为金竹寨，元时为金竹府。明洪武四年（1371 年）改为金竹长官司，八年升为金竹安抚司，明万历四十年（1612 年）

---

① 龙腾：《云南昆明五华山出土明代官印之研究》，《文物》2001 年 8 期。
② 龙腾：《云南昆明五华山出土明代官印之研究》，《文物》2001 年 8 期。

改土归流，改为广顺州，清朝仍袭州建制。民国二年（1913 年）废州置县，改为县。民国三十年（1941 年）广顺县与长寨县合并为长顺县，县府迁长寨，广顺降为区。1953 年改为广顺乡，1955 年改为广顺镇。

36. 武岗州儒学记

铜质长方印，直纽。印长 8.0 厘米、宽 4.6 厘米、厚 1.3 厘米，通高 8.0 厘米。印文是阳文九叠篆体刻字。印背刻楷书铭文，背右铭文是"永历十二年二月　日（一行）礼部造（二行）"，背左铭文是"武岗州儒学记"，背上铭文是"永字伍千叁拾壹号"（图六四，1）。1992 年昆明五华山云南省高级法院工地出土。云南省博物馆藏。

武岗其地当今湖南省武冈市。汉文、景帝年间（前 179～前 141 年）置武冈县，县治今市城区。明洪武元年（1368 年）改武冈路为武冈府。明洪武九年（1376 年）改武冈府为武冈州。明永乐二十一年（1423 年）十月，岷王朱楩（朱元璋第十八子）在武冈州城建王邸。清顺治四年（1647 年，即南明永历元年）四月，桂王朱由榔迁武冈，以岷王府为皇宫，改武冈州为奉天府。八月，永历帝西逃黔滇，武冈复为州。清承明制。民国二年（1913 年）九月，废州改为县。新中国成立后，武冈县隶属湖南省邵阳专区。1986 年 1 月，武冈县隶属邵阳市。1994 年 2 月 18 日，撤县设市。

文献有武冈州，而无武岗州，此印称武岗州，"岗"、"冈"通假。

37. 会同县儒学记

铜质长方印，直纽。印长 8.0 厘米、宽 4.2 厘米、厚 1.2 厘米，通高 7.9 厘米。印文是阳文九叠篆体字。印背刻楷书铭文，背右铭文是"永历十二年二月　日（一行）礼部造（二行）"，背左铭文是"会同县儒学记"，背铭文是"永字伍千叁拾捌号"（图六四，2）。1992 年昆明五华山云南省高级法院工地出土。云南省博物馆藏。

会同县其地当今湖南省西南部怀化市会同县。北宋崇宁元年置三江县，次年（1103 年）改名会同县。名袭至今。

38. 珙县儒学条记

铜质长方印，直纽。印长 7.9 厘米、宽 4.2 厘米、厚 1.1 厘米，通高 7.9 厘米。印文是阳文九叠篆体字。印背刻楷书铭文，背右铭文是"永历十二年二月　日（一行）礼部造（二行）"，印背左铭文是"珙县儒学条记"，印左侧铭文是"永字伍千肆拾伍号"（图六四，3）。1992 年昆明五华山云南省高级法院工地出土。云南省博物馆藏。

唐代仪凤二年（677 年）设置巩州，元代改巩为珙，仍为州。明代又改为珙县，其地当今四川省宜宾市珙县。

39. 清平卫儒学记

铜质长方印，直纽。印长 8 厘米、宽 4.6 厘米、厚 1.2 厘米，通高 8 厘米。印文是阳文九叠篆体刻字。印背刻楷书铭文，背右铭文是"永历十二年二月　日（一行）礼部造（二行）"，背铭文是"清平卫儒学记"，背左铭文是"永字伍千陆拾陆号"（图六四，4）。1992 年昆明五华山云南省高级法院工地出土。云南省博物馆藏。

清平其地当今贵州省凯里市。明洪武初年置清平堡，二十二年（1389）升为清平长官司，三十年（1397 年）改为清平卫。明弘治七年五月（1494 年）改置清平县。民国三年（1914 年）清平县改为炉山县。1959 年 1 月，炉山县、麻江县、雷山县、丹寨县合并为凯里县。1961 年 8 月 4 日县相继分置，炉山县仍为凯里县，1983 年 8 月 19 日，撤销凯里县，设为凯里市。由此印知，南明沿袭卫设置。

40. 巩中司总兵官关防

铜质长方印，直纽。印长 10.7 厘米、宽 7.2 厘米、厚 1.6 厘米，纽高 8.3 厘米。印文是阳文九叠篆体刻字。印背刻楷书铭文，背右铭文是"永历十二年三月　日（一行）礼部造（二行）"，背左铭文是"巩中司总兵官关防"，背上铭文是"□□伍千□百陆拾叁□"（有 4 字不明。图六五）。云南省博物馆藏。

41. 贵州丰济仓印

铜质方印，直纽。印边长 6.1 厘米、厚 1.3 厘米，通高 8 厘米。印文是阳文九叠篆体刻字。印背刻楷书铭文，背右铭文是"永历十二年二月　日（一行）礼部造（二行）"，背左铭文是"贵州丰济仓印"，背上铭文是"永字伍千陆拾玖号"（图六六，1）。1992 年昆明五华山云南省高级法院工地出土。云南省博物馆藏。

丰济即大仓。

42. 柳州府理刑厅关防

铜质长方印，直纽。印长 9.6 厘米、宽 6 厘米、厚 1.4 厘米，通高 9.5 厘米。印文是阳文九叠篆体字。印背刻楷书铭文，背右铭文是"永历十二年六月　日（一行）礼部造（二行）"，背左铭文是"柳州府理刑厅关防"，背上铭文是"永字伍千伍百柒拾壹号"（图六六，2）。1992 年昆明五华山云南省高级法院工地出土。云南省博物馆藏。

理刑厅其职与安顺理刑厅同。

43. 监督工程分司关防

铜质长方印，直纽。印长 9.8 厘米、宽 6 厘米、厚 1.2 厘米，通高 9.5 厘米。印文是阳文九叠篆体字。印背刻楷书铭文，背右铭文是"永历十二年七月　日（一行）礼部造（二行）"，背左铭文是"监督工程分司关防"，背上铭文是"永字伍千陆百伍拾号"（图六七，2）。1992 年昆明五华山云南省高级法院工地出土。云南省博物馆藏。

分司即分管分掌。

44. 联络直浙关防

铜质长方印，直纽。印长 7.2 厘米、宽 3.7 厘米、厚 0.9 厘米，通高 6.5 厘米。印文是阳文九叠篆体刻字。印背刻楷书铭文，背右铭文是"永历十二年七月　日（一行）礼部造（二行）"，背左铭文是"联络直浙关防"，印左侧铭文是"永字伍千柒百肆拾捌号"（图六七，1）。1992 年昆明五华山云南省高级法院工地出土。云南省博物馆藏。

45. 联络川秦关防

铜质长方印，直纽。印长 7.2 厘米、宽 3.7 厘米、厚 0.9 厘米，通高 6.6 厘米。印文是阳文九叠篆体刻字。印背刻楷书铭文，背右铭文是"永历十二年二月　日（一行）礼部造（二行）"，背左铭文是"联络川秦关防"，背上铭文是"永字伍千柒百伍拾贰号"（图六八，2）。1992 年昆明五华山云南省高级法院工地出土。云南省博物馆藏。

川，即四川，秦，即陕西。

46. 征调汉土关防

铜质长方印，直纽。印长 7.2 厘米、宽 3.7 厘米、厚 0.9 厘米，通高 6.5 厘米。印文是阳文九叠篆体刻字。印背刻楷书铭文，背右铭文是"永历十二年七月　日（一行）礼部造（二行）"，背左铭文是"征调汉土关防"，背上铭文是"永字伍千柒百伍拾柒号"（图六八，3；图版四，4）。1992 年昆明五华山云南省高级法院工地出土。云南省博物馆藏。

汉指汉军，即明朝政府的正规军，也称官军。土，指土军，即民兵①。史载："土军，名属各卫，户在州县。"②"云南土军，原系各州县民。"③ 征调汉土即征调汉军、土军。

47. 贵州道监察御史之印

铜质方印，直纽。印边长 4.8 厘米、厚 1.2 厘米，通高 4.9 厘米。印文是阳文九叠篆体字。印背刻楷书铭文，背右铭文是"永历十二年口月　日（一行，有 1 字不明）礼部造（二行）"，背左铭文是"贵州道监察御史之印"，背上铭文是"永字伍千柒百陆拾叁号"（图六八，1）。1992 年昆明五华山云南省高级法院工地出土。云南省博物馆藏。

监察御史为机构名，长官为道员，隋始设。唐御史台分为三院，其中监察御史属察院，职掌"分察百僚，巡抚郡县，纠视刑狱，肃整朝仪"，虽品低，但权广。明清废御史台，设都察院，掌弹劾和建言，并设都御史、副都御史、监察御史。监察御史分道负责，因而分别以道贯名，此印就是一例。道是明清在省与府之间所设的监察区。

48. 蔺州宣抚司印

铜质方印，直纽。印边长 7.4 厘米、厚 1.4 厘米，通高 9 厘米。印文是阳文九叠篆体字。印背刻楷书铭文，背右铭文是"永历十二年九月　日（一行）礼部造（二行）"，背左铭文是"蔺州宣抚司印"，背上铭文是"永字伍千捌百拾陆号"（图六九）。1992 年昆明五华山云南省高级法院工地出土。云南省博物馆藏。

蔺州其地即今四川古蔺县④。唐置蔺州。明代，名永宁宣抚司，崇祯二年（1629

---

① 龙腾：《云南昆明五华山出土明代官印之研究》，《文物》2001 年 8 期。
② 刘文征天启：《滇志》卷六。
③ 刘文征天启：《滇志》卷二五。
④ 龙腾：《云南昆明五华山出土明代官印之研究》，《文物》2001 年 8 期。

年），宣抚司奢崇明叛乱败死，废永宁宣抚司，改置永宁卫。据此印而知，南明复设蔺州宣抚司。

49. 征蛮坐营旗鼓关防

铜质长方印，直纽。印长 9.6 厘米、宽 5.9 厘米、厚 1.5 厘米，通高 9.1 厘米。印文是阳文九叠篆体字。印背刻楷书铭文，背右铭文是"永历十二年九月　日（一行）礼部造（二行）"，背左铭文是"征蛮坐营旗鼓关防"，背上铭文是"永字伍千捌百□拾陆号"，拾字前一字模糊不明（图七〇，1）。1992 年昆明五华山云南省高级法院工地出土。云南省博物馆藏。

50. 毕节卫左千户所之印

铜质方印，直纽。印边长 7.4 厘米、厚 1.6 厘米，通高 9.8 厘米。印文是阳文九叠篆体字。印背刻楷书铭文，背右铭文是"永历十二年九月　日（一行）礼部造（二行）"，背左铭文是"毕节卫左千户所之印"，背上铭文是"永字伍千捌百叁拾柒号"（图七〇，2）。1992 年昆明五华山云南省高级法院工地出土。云南省博物馆藏。

毕节其地即今贵州毕节。明置毕节卫，南明也沿袭。

51. 落台驿记

铜质长方印，直纽。印长 7.8 厘米、宽 4.4 厘米、厚 1.2 厘米，通高 8 厘米。印文是阳文九叠篆体字。印背刻楷书铭文，背右铭文是"永历十二年九月　日（一行）礼部造（二行）"，背左铭文是"落台驿记"，背上铭文是"永字伍千捌百肆拾贰号"（图七一，1；图版四，1）。1992 年昆明五华山云南省高级法院工地出土。云南省博物馆藏。

落台其地当今贵州省毕节市北层台镇。《明代乌撒入蜀旧路行经驿站》记："层台驿，毕节北层台山，元落台驿。"[①] 据此印而知，南明仍在此设驿，并用元代地名。

52. 征蛮前营后协副将关防

铜质长方印，直纽。印长 9.8 厘米、宽 6.3 厘米、厚 1.4 厘米，通高 9.5 厘米。印文是阳文九叠篆体刻字。印背刻楷书铭文，背右铭文是"永历□□□□月　日（一行，有 4 字不明）礼部造（二行）"，背左铭文是"征蛮前营后协副将关防"，背上铭文是"永字伍千捌百伍拾号"（图七一，2）。1992 年昆明五华山云南省高级法院工地出土。云南省博物馆藏。

53. 征蛮右营旗鼓关防

铜质长方印，直纽。印长 9.6 厘米、宽 6 厘米、厚 1.5 厘米，通高 9.1 厘米。印文是阳文九叠篆体字。印背刻楷书铭文，背右铭文是"永历十二年九月　日（一行）礼部造（二行）"，背左铭文是"征蛮右营旗鼓关防"，背上铭文是"永字伍千捌百伍拾

---

① 龙腾：《云南昆明五华山出土明代官印之研究》，《文物》2001 年 8 期。蓝勇：《四川古代交通路线史》136 页，西南师范大学出版社，1980 年。

壹号"（图七二，1）。1992 年昆明五华山云南省高级法院工地出土。云南省博物馆藏。

54. 征蛮右营左协副将关防

铜质长方印，直纽。印长 9.9 厘米、宽 6.1 厘米、厚 1.4 厘米，通高 9.6 厘米。印文是阳文九叠篆体字。印背刻楷书铭文，背右铭文是"永历十二年九月　日（一行）礼部造（二行）"，背左铭文是"征蛮右营左协副将关防"，背上铭文是"永字伍千捌百伍拾贰号"（图七二，2）。1992 年昆明五华山云南省高级法院工地出土。云南省博物馆藏。

55. 征蛮右营后协副将关防

铜质长方印，直纽。印长 9.8 厘米、宽 6.2 厘米、厚 1.4 厘米，通高 9.8 厘米。印文是阳文九叠篆体字。印背刻楷书铭文，背右铭文是"永历十二年九月　日（一行）礼部造（二行）"，背左铭文是"征蛮右营后协副将关防"，背上铭文是"永字伍千捌百伍拾肆号"（图七三，1）。1992 年昆明五华山云南省高级法院工地出土。云南省博物馆藏。

蛮当是对滇黔少数民族的蔑称。协，军队编制单位。副将，武官名。由这几方印可略见南明军队营、协关系。

56. 总理四川盐法税课副将关防

铜质长方印，直纽。印长 9.9 厘米、宽 6.1 厘米、厚 1.4 厘米，通高 9.5 厘米。印文是阳文九叠篆体字。印背刻楷书铭文，背右铭文是"永历十二年十月　日（一行）礼部造（二行）"，背左铭文是"总理四川盐法税课副将关防"，背上铭文是"永字伍千捌百伍拾柒号"（图七三，2）。1992 年昆明五华山云南省高级法院工地出土。云南省博物馆藏。

57. 镇黔将军之印

铜质三台方印，印边长 10.6 厘米、厚 1.5 厘米。纽缺。背无铭文（图七四）。1992 年昆明五华山云南省高级法院工地出土。云南省博物馆藏。

将军之职源于春秋时晋国。唐至元，将军为散武官。明代也有，南明承之。黔当指贵州。

58. 礼仪房提督关防

铜质长方印，直纽。印长 10.5 厘米、宽 7.3 厘米、厚 1.5 厘米，纽高 8.2 厘米。印文是阳文九叠篆体刻字。印身无铭文（图七五，1）。1979 年于梁河县遮岛出土。德宏州文物管理所藏。

《云南金石目略》初稿载，民国十九年春二月，在腾冲河西练孟蒙村出土"礼仪房提督关防"铜印，印身有永历年字样，印文与此印同，据此推知，遮岛之印当为南明官印。梁河一带是南明永历帝及随从入缅所经之地，疑此印也是遗落之印。

第五章　清、民国官印

第一节　清朝官印

1. 孟琏宣抚司印

见《云南北界勘察记》中央民族学院藏本。印边长8.1厘米（图七五，2）。

孟琏土官世系，道光《云南志钞·土司志上·顺宁府》载："孟连宣抚司……坎把法，本哈瓦蛮，开辟荒地，招集夷民，守土传世，改名孟琏。明永乐四年，头目刀派送遣子派罕入贡，上言：'孟琏旧属麓川平缅宣司，后隶孟定府。而孟定知府刀名扛，亦故平缅头目，素与等夷，乞改隶。'遂设长官司，隶云南都司，命刀派送为长官，赐冠带、印章。……嘉靖中，孟链与孟养、孟密诸部仇杀数十年，司废。至万历十三年，陇川平，复设，称孟脸，亦十八土司之一也。……传至派鼎，国朝康熙四十八年贡象投诚，授宣抚司世职。"《孟琏土司亲供册》载："康熙四十八年，授宣抚司职，乾隆间，焕发满汉篆文孟琏宣抚司印。"以后传至派森，便未见记载。自派送至派森，共传袭了九位。

此印印文称宣抚司，印文字体为九叠篆，无满文，当是康熙四十八年之后，乾隆以前所分颁之印。

孟琏土司刀氏族属为傣族①。清初属永昌府，乾隆二十九年改属顺宁府，光绪二十年，还属永昌府。孟琏其地即今普洱市孟连傣族拉祜族佤族自治县。琏、连通假。

2. 宜良县印

铜质方印，直纽。印边长6.8厘米、厚1.7厘米，纽高9.1厘米。印文是刻字，左是汉文，右是满文。印的背面和两侧刻楷书铭文，印右侧铭文"□□□□年十月 日（前4字不明）"，背右铭文是"宜良县印（一行）礼部造（二行）"，背左铭文是满文，印左侧铭文是"□字三千□□□号"（有4字不明。图七六，1）。云南省博物馆藏。

其地即今昆明市宜良县。

---

① 龚荫编著：《明清云南土司通纂》129～130页，云南民族出版社，1985年。

3. 禄丰县印

铜质方印，直纽。印边长 6.9 厘米、厚 1.6 厘米，纽高 9.0 厘米。印文是铸字，左是汉文，右是满文。印的背面和两侧刻楷书铭文，印右侧铭文字迹锈蚀不明，印背右铭文是"禄丰县印（一行）礼部造（二行）"，背左铭文是满文，左侧铭文可识者是"□字五千七十六号"（第一字不明。图七六，2）。云南省博物馆藏。

据印编号达五千者以上，仅乾隆年间所颁印，故推知此印也当是乾隆年制印。其地即今楚雄彝族自治州禄丰县。

4. 元谋县印

铜质方印，直纽。印边长 6.9 厘米、厚 1.8 厘米，纽高 9.2 厘米。印文是铸字，左是汉文，右是满文。印的背面和两侧刻楷书铭文，印右侧铭文是"乾隆十五年十一月　日"，背右铭文是"元谋县印（一行）礼部造（二行）"，背左铭文是满文，印左侧铭文是"乾字五千九十三号"（图七七，1）。云南省博物馆藏。

元谋县清初隶于武定府，乾隆三十五年，武定降为直隶州，又隶于直隶州。此印是隶于武定府时用印。其县得名，据传县有元马，日行千里。元马河以此得名，当地人呼马为谋，县以此得名①。其地即今楚雄彝族自治州元谋县。

5. 元谋县儒学记

铜质长方印，直纽。印长 8.4 厘米、宽 5.4 厘米、厚 1.9 厘米，纽高 9.0 厘米。印文是刻字，左是汉文，右是满文。印的背面和两侧刻楷书铭文，印右侧铭文是"乾隆十六年五月　日"，背右铭文字迹锈蚀不明，背左铭文是满文，印左侧铭文是"乾字八千九号"（图七七，2）。云南省博物馆藏。

儒学即元、明、清在各府、州、县设立的供生员修业的学校。

6. 剑川州印

铜质方印，直纽。印边长 7.4 厘米、厚 1.8 厘米，纽高 9.0 厘米。印文是铸字，左是汉文，右是满文。印的背面和两侧刻楷书铭文，印右侧铭文是"乾隆十六年二月　日"，背右铭文是"剑川州印（一行）礼部造（二行）"，背左铭文是满文，左侧铭文是"乾字五千三百四十二号"（图七八）。云南省博物馆藏。

剑川其地即今大理白族自治州剑川县。

7. 普洱府印

铜质方印，直纽。印边长 8.1 厘米、厚 1.9 厘米，纽高 9.2 厘米。印文是铸字，左是汉文，右是满文。印的背面和两侧刻楷书铭文，印右侧铭文是"乾隆十六年二月　日"，背右铭文是"普洱府印（一行）礼部造（二行）"，背左铭文是满文，印左侧铭文字迹锈蚀不明，当是编号（图七九，1）。云南省博物馆藏。

---

① 《清史稿·地理二十一》。

8. 普洱府儒学印

铜质方印，直纽。印边长6.1厘米、厚1.5厘米，纽高8.4厘米。印文是刻字，左是汉文，"普洱府"三字被削弃，右是满文。印的背面和两侧刻楷书铭文，印右侧铭文是"同字六百五十六号"，背右铭文是"普洱府儒学印（一行）礼部造（二行）"，背左铭文是满文，印左侧铭文是"同治五年十月　日"（图七九，2）。云南省博物馆藏。

普洱其地即今普洱市宁洱哈尼族彝族自治县。

9. 分驻思茅厅巡检兼管司狱印

铜质方印，直纽。印边长6.5厘米、厚1.7厘米，纽高8.5厘米。印文是铸字，左是汉文，右是满文。印的背面和两侧刻楷书铭文，印右侧铭文"乾字壹万肆千陆百陆拾肆号"，背右铭文是"分驻思茅厅巡检兼管司狱印（一行）礼部造（二行）"，背左铭文是满文，印左侧铭文是"乾隆叁拾玖年拾贰月 日"（图八〇，1）。云南省博物馆藏。

思茅厅其地即今普洱市思茅区。

巡检即巡检司省称，官名巡检使，掌训练甲兵，巡逻州邑。明清时，凡镇市、关隘要害处俱设巡检司，归县令管辖，一般秩正九品。

10. 云南普洱镇标右营分驻思茅游击关防

铜质长方印，直纽。印长9.7厘米、宽6.2厘米、厚1.6厘米，纽高9.9厘米。印文是铸字，左是汉文，右是满文。印的背面和两侧刻楷书铭文，印右侧铭文是"同字六百五十四号"，印背右铭文是"云南普洱镇标右营分驻思茅游击关防（一行）礼部造（二行）"，背左铭文是满文，印左侧铭文是"同治五年十月　日"（图八〇，2）。云南省博物馆藏。

清代由总兵统辖的绿营兵称"镇标"。游击即清代武官名，从三品，次于参将。

11. 澄江府儒学印

铜质方印，直纽。印边长6.2厘米、厚1.7厘米，纽高8.5厘米。印文是铸字，左是汉文，右是满文。印的背面和两侧刻楷书铭文，印右侧铭文是"乾隆十六年五月日"，背右铭文是"澄江府儒学印（一行）礼部造（二行）"，背左铭文是满文，印左侧铭文是"乾字七千九百三十八号"（图八一，1）。云南省博物馆藏。

澄江其地即今玉溪市澄江县。

12. 河阳县儒学记

铜质长方印，直纽。印长8.5厘米、宽5.5厘米、厚1.9厘米，纽高9.0厘米。印文是铸字，左是汉文，右是满文。印的背面和两侧刻楷书铭文，印右侧铭文是"乾隆十六年五月　日"，背右铭文是"河阳县儒学记（一行）礼部造（二行）"，背左铭文是满文，印左侧铭文是"乾字八千四号"（图八二，2）。云南省博物馆藏。

河阳其地即今澄江县，清代隶于澄江府。

13. 云南澄江营游击之关防

铜质长方印，直纽。印长9.6厘米、宽6.3厘米、厚1.7厘米，纽高9.1厘米。印文是铸字，左是汉文，右是满文。印的背面和两侧刻楷书铭文，背右铭文是"云南澄江营游击之关防（一行）礼部造（二行）"，背左铭文是满文，印右侧铭文是"光字四百十九号"，印左侧铭文是"光绪六年六月　日"（图八一，2）。云南省博物馆藏。

14. 呈贡县儒学记

铜质长方印，直纽。印长8.6厘米、宽5.5厘米、厚1.8厘米，纽高9.1厘米。印文是铸字，左是汉文，右是满文。印的背面和两侧刻楷书铭文，印右侧铭文是"乾隆十六年五月　日"，背右铭文是"呈贡县儒学记（一行）礼部造（二行）"，背左铭文是满文，印左侧铭文是"乾字七千九百九十号"（图八二，1）。云南省博物馆藏。

《清史稿·地理二十一》载，呈贡，明属晋宁。清康熙八年把归化并入置呈贡，隶于云南府，以后未有变动。其地即今昆明市呈贡县。

15. 丽江府儒学印

铜质方印，直纽。印边长6.2厘米、厚1.7厘米，纽高8.1厘米。印文是铸字，左是汉文，右是满文。印的背面和两侧刻楷书铭文，印右侧铭文是"乾隆十六年五月　日"，背右铭文是"丽江府儒学印（一行）礼部造（二行）"，背左铭文是满文，印左侧铭文是"乾字七千九百四十七号"（图八三，1）。云南省博物馆藏。

丽江府辖地即今丽江市古城区和玉龙纳西族自治县、鹤庆县、剑川县、香格里拉县、维西县。府治在今丽江市古城区。

16. 丽江县儒学记

铜质长方印，直纽。印边长8.7厘米、宽5.7厘米、厚1.7厘米，纽高9厘米。印文是刻字，左是汉文，右是满文。印的背面和两侧刻楷书铭文，印右侧铭文是"乾字壹万肆千叁百叁拾捌号"，背右铭文是"丽江县儒学记（一行）礼部造（二行）"，背左铭文是满文，印左侧铭文是"乾隆叁拾陆年陆月　日"（图八三，2）。云南省博物馆藏。

丽江县其地即今丽江市古城区和玉龙纳西族自治县。

17. 保山县儒学记

铜质长方印，直纽。印长8.5厘米、宽5.5厘米、厚1.9厘米，纽高9.2厘米。印文是铸字，左是汉文，右是满文。印的背面和两侧刻楷书铭文，印右侧铭文是"乾隆十六年五月　日"，背右铭文是"保山县儒学记（一行）礼部造（二行）"，背左铭文是满文，印左侧铭文是"乾字八千十一号"（图八四，1）。云南省博物馆藏。

18. 保山县印

铜质方印，直纽。印边长7厘米、厚1.7厘米，纽高8.8厘米。印文是铸字，左是汉文，右是满文。印面左下角截一角。印的背面和两侧刻楷书铭文，印右侧铭文可识者是"嘉字一千三□□□□"（有 4 字不明），背右铭文是"保山县印（一行）礼部造（二行）"，背左铭文是满文，印左侧铭文是"嘉庆十七年八月　日"（图八四，2）。云南省博物馆藏。

保山县其地即今保山市隆阳区。

19. 白盐井儒学记

铜质长方印，直纽。印长 8.5 厘米、宽 5.4 厘米、厚 1.9 厘米，纽高 8.9 厘米。印文是刻字，左是汉文，右是满文。印的背面和两侧刻楷书铭文，印右侧铭文是"乾隆十六年五月　日"，背右铭文是"白盐井儒学记（一行）礼部造（二行）"，背左铭文是满文，印左侧铭文是"乾字八千十五号"（图八五，1）。云南省博物馆藏。

白盐井其地即今云南省楚雄彝族自治州大姚县石羊镇。

20. 云南按察使司司狱司印

铜质方印，直纽。印边长 6.2 厘米、厚 1.6 厘米，纽高 8.1 厘米。印文是铸字，左是汉文，右是满文。印的背面和两侧刻楷书铭文，印右侧铭文是"乾隆十六年五月　日"，背右铭文是"云南按察使司司狱司印（一行）礼部造（二行）"，背左铭文是满文，印左侧铭文是"乾字八千三百七十六号"（图八五，2）。云南省博物馆藏。

按察使司是一省最高司法机构。《清史稿·职官三》载，按察使司其属有"司狱司司狱"，从九品，一人，掌检察系囚。"司狱因时因地，省置无恒"。

21. 云南布政使司济用库印

铜质方印，直纽。印边长 6.3 厘米、厚 1.6 厘米，纽高 8.2 厘米。印文是铸字，左是汉文，右是满文。印的背面和两侧刻楷书铭文，印右侧铭文是"乾隆十六年五月　日"，背右铭文是"云南布政使司济用库印（一行）礼部造（二行）"，背左铭文是满文，印左侧铭文是"乾字一万一千三百九十七号"（图八六，1）。云南省博物馆藏。

清代，布政使司是一省最高行政机构，济用库是其直属库。

22. 云南提学使司之印

铜质方印，直纽。印边长 8.6 厘米、厚 2.6 厘米，纽高 11.7 厘米。印文是刻字，左是汉文，右是满文。印的背面和两侧刻楷书铭文，印右侧铭文是"光字二千一百五十四号"，背右铭文是"云南提学使司之印（一行）礼部造（二行）"，背左铭文是满文，印左侧铭文是"光绪三十三年四月　日"（图八六，2）。云南省博物馆藏。

提学使司为一省教育行政最高机构。《清史稿·职官三》载，清初，各省置提督学政，管儒学，下置督学道。光绪三十一年（1905 年），罢科举，兴学校，改学政为提学使，此印当为改制后所颁之印。

23. 云南省巡警道关防

铜质长方印，直纽。印长 9.6 厘米、宽 6.2 厘米、厚 1.7 厘米，纽高 10.1 厘米。印文是刻字，左是汉文，右是满文。印的背面和两侧刻楷书铭文，印右侧铭文是"宣字二十三号"，背右铭文是"云南省巡警道关防（一行）礼部造（二行）"，背左铭文是满文，印左侧铭文是"宣统元年三月　日"（图八七，1）。云南省博物馆藏。

巡警道是清末地方官名，掌一省警察行政。《清史稿·职官三》载，巡警道，一省一人，驻省。云南曾有云南临安开广道兼关防，驻蒙自，云南迤东道兼驿传，驻曲靖，迤西道兼驿传、关防，驻大理。迤南道兼驿传，驻普洱。德宗降，别就省会置巡警、劝业二道。

24. 云南提督总兵官印

银质方印，三台虎纽。印边长 10.5 厘米、厚 3.2 厘米，纽高 5.5 厘米。印文是刻字。印的背面和两侧刻楷书铭文，右侧是"咸字三十八号"，背右铭文是"云南提督总兵官印（一行）礼部造（二行）"，左是满文，左侧是"咸丰十一年五月"（图八八；图版五，3）。云南省博物馆藏。

清朝，把汉兵组成的军队用绿旗为号，因此称为绿营兵。绿营的最高组织为"标"，其下有"协"、"营"、"汛"。由总督统率的标为督标，由巡抚统率的标为抚标，由提督统率的标为提标，由总兵统率的标为镇标。在各省绿营组织中，提督为最高武官，管理一省军政。其次为总兵，之下有副将、参将、游击、都司、守备、千总、把总、外委等官。

在云南驻军中，云贵总督统率的有督标中营、左营、右营，曲寻协左营、右营，云南城守营，寻沾营。云南巡抚统率的有抚标左、右二营。云南提督统率的有提标中、左、右营，兼辖楚雄协、武定营、大理城守营，节制临元镇、开化镇、腾越镇、鹤丽镇、昭通镇、普洱镇等六镇标。

25. 云南提标右营游击关防

铜质长方印，直纽。印长 9.7 厘米、宽 6.2 厘米、厚 1.7 厘米，纽高 9.1 厘米。印文是铸字，左是汉文，右是满文。印的背面和两侧刻楷书铭文，印右侧铭文是"光字四百十八号"，背右铭文是"云南提标右营游击关防（一行）礼部造（二行）"，背左铭文是满文，印左侧铭文是"光绪六年六月　日"（图八九，1）。云南省博物馆藏。

26. 云南提标左营游击关防

铜质长方印，直纽。印长 9.5 厘米、宽 6.2 厘米、厚 1.7 厘米，纽高 9.0 厘米。印文是铸字，左是汉文，右是满文。印的背面和两侧刻楷书铭文，印右侧铭文是"光字四百六十九号"，背右铭文是"云南提标左营游击关防（一行）礼部造（二行）"，背左铭文是满文，印左侧铭文是"光绪六年八月　日"（图八九，2）。云南省博物馆藏。

27. 云南府经历司印

铜质方印，直纽。印边长 6.5 厘米、厚 1.7 厘米，纽高 9.7 厘米。印文是铸字，左是汉文，右是满文。印的背面和两侧刻楷书铭文，印右侧铭文是"乾隆十六年五月　日"，背右铭文是"云南府经历司印（一行）礼部造（二行）"，背左铭文是满文，印左侧铭文是"乾字八千四百十六号"（图八七，2）。云南省博物馆藏。

《清史稿·地理二十一》载，云南府领州四、县七，府治昆明。府属机构有经历司，设经历一人，掌文书、出纳。

28. 云南府清军水利同知关防

铜质长方印，直纽。印长 9.2 厘米、宽 6.3 厘米、厚 1.9 厘米，纽高 10 厘米。印文是铸字，左是汉文，右是满文。印的背面和两侧刻楷书铭文，印右侧铭文是"乾隆十六年五月　日"，背右铭文是"云南府清军水利同知关防（一行）礼部造（二行）"，背左铭文是满文，印左侧铭文是"乾字八千九百八十九号"（图九○，1）。云南省博物馆藏。

29. 镇雄州印

铜质方印，直纽。印边长 7.5 厘米、厚 1.7 厘米，纽高 9.0 厘米。印文是铸字，左是汉文，右是满文。印的背面和两侧刻楷书铭文，印右侧铭文锈蚀不明，背右铭文是"镇雄州印（一行）礼部造（二行）"，背左铭文是满文，印左侧铭文是"□字五千八百四十□"（有 2 字不明。图九○，2）。云南省博物馆藏。

镇雄，明代为府，隶于四川。清雍正五年，改隶于云南，六年降为州，属昭通府。光绪三十四年，升为直隶州，后未见更动。镇雄州印印文为满汉文，镇雄为州是清雍正六年至光绪三十四年，据此推知，州印当是这段时间所用之印。镇雄州其地即今昭通市镇雄县。

30. 镇雄州儒学记

铜质长方印，直纽。印长 8.5 厘米、宽 5.4 厘米、厚 1.7 厘米，通高 9 厘米。印文是铸字，左是汉文，右是满文。印的背面和两侧刻楷书铭文，印右侧铭文是"乾隆十六年五月　日"，背右铭文是"镇雄州儒学记（一行）礼部造（二行）"，背左铭文是满文，印左侧铭文是"乾字七千九百八十六号"（图九一，1）。云南省博物馆藏。

31. 镇雄州母亭巡检司之印

铜质方印，直纽。印边长 6.1 厘米、厚 1.6 厘米，纽高 8.3 厘米。印文是铸字，左是汉文，右是满文。印的背面和两侧刻楷书铭文，印右侧铭文是"乾隆十六年五月　日"，背右铭文是"镇雄州母亭巡检司之印（一行）礼部造（二行）"，背左铭文是满文，印左侧铭文是"乾字一万一百六十八号"（图九一，2）。云南省博物馆藏。

今镇雄无母亭其地，有母享镇，是否是"亭"与"享"之误，存疑。

32. 镇雄州分防威信州判关防

铜质长方印，直纽。印长 8.7 厘米、宽 5.6 厘米、厚 1.5 厘米，纽高 9.0 厘米。印文是铸字，但字迹锈蚀不明，印面正中已锈蚀剥落一块。印的背面和两侧刻楷书铭文，印右侧铭文是"乾隆二十七年八月　日"，背右铭文是"镇雄州分防威信州判关防（一行）礼部造（二行）"，背左铭文是满文，印左侧铭文是"乾字一万二千六百七十五号"。

威信其地即昭通市威信县。

33. 镇雄州分防彝良州同关防

铜质长方印，直纽。印长 8.7 厘米、宽 5.6 厘米、厚 1.5 厘米，纽高 9.0 厘米。印文是铸字。印的背面和两侧刻楷书铭文，印右侧铭文是"乾隆二十七年八月　日"，背右铭文是"镇雄州分防彝良州同关防（一行）礼部造（二行）"，背左铭文是满文，印左侧铭文是"乾字一万二千六百七十六号"（图九二，1）。云南省博物馆藏。

34. 云南镇雄营分驻奎乡右军守备关防

铜质长方印，直纽。印长 8.6 厘米、宽 5.6 厘米、厚 1.6 厘米，纽高 9 厘米。印文是铸字。印的背面和两侧刻楷书铭文，印右侧铭文是"乾隆三十年七月　日"，背右铭文是"云南镇雄营分驻奎乡右军守备关防（一行）礼部造（二行）"，背左铭文是满文，印左侧铭文是"乾字一万三千十八号"（图九二，2）。云南省博物馆藏。

奎乡其地即今昭通市彝良县奎香（乡）苗族彝族乡。

35. 云南广南营参将关防

铜质长方印，直纽。印长 9.7 厘米、宽 6.1 厘米、厚 2 厘米，纽高 9.2 厘米。印文是铸字，左是汉文，右是满文。印的背面和两侧刻楷书铭文，印右侧铭文是"乾隆十六年五月　日"，背右铭文是"云南广南营参将关防（一行）礼部造（二行）"，背左铭文是满文，印左侧铭文是"乾字一万四百五号"（图九三，1）。云南省博物馆藏。

广南其地即今文山壮族苗族自治州广南县。

36. 广南府分防普厅塘经历之印

铜质方印，直纽。印边长 6.5 厘米、厚 1.5 厘米，纽高 8.4 厘米。印文是铸字，左是汉文，右是满文。印的背面和两侧刻楷书铭文，有的字迹锈蚀不明，印右侧铭文是"乾字壹万肆千肆百贰号"，背右铭文是"广南府分防普厅塘经历之印（一行）礼部造（二行）"，背左铭文是满文，印左侧铭文是"乾隆叁拾陆年拾贰月　日"（图九三，2）。云南省博物馆藏。

普厅塘其地即今文山壮族苗族自治州富宁县城。

37. 云南鹤庆丽江总兵官□□□

铜质长方印，直纽。印长 9.7 厘米、宽 6.1 厘米、厚 1.9 厘米，纽高 10 厘米。印文是铸字，左是汉文，右是满文，但字迹锈蚀不明。印的背面和两侧刻楷书铭文，印右侧铭文是"乾隆十七年四月　日"，背右铭文是"云南鹤庆丽江总兵官□□□（一行，尾 3 字不明）礼部造（二行）"，背左铭文是满文，印左侧铭文是"乾字一万六百五十八号"。

鹤丽镇总兵统率镇标中、左、右三营，维西协左营、右营，永北营，剑川营。

38. 云南临元澄江镇标中军游击关防

铜质长方印，直纽。印长 9.2 厘米、宽 6.2 厘米、厚 1.7 厘米，纽高 10.1 厘米。

印文是铸字，左是汉文，右是满文，但字迹锈蚀不明。印的背面和两侧刻楷书铭文，印右侧铭文是"乾隆十六年五月　日"，背右铭文是"云南临元澄江镇标中军游击关防（一行）礼部造（二行）"，背左铭文是满文，印左侧铭文是"乾字一万八百二十五号"。

临元镇标总兵统率镇标左、右、前、中四营，兼辖元新营、澄江营。

39. 云南临元镇前营游击之关防

铜质长方印，直纽。印长9.7厘米、宽6.2厘米、厚1.5厘米，纽高9厘米。印文是铸字，左是汉文，右是满文。印的背面和两侧刻楷书铭文，印右侧铭文是"光字一千四十七号"，背右铭文是"云南临元镇前营游击之关防（一行）礼部造（二行）"，背左铭文是满文，印左侧铭文是"光绪十二年十二月　日"（图九四，1）。云南省博物馆藏。

40. 云南昭通东川镇雄镇标中营游击兼营中管事关防

铜质长方印，直纽。印长9.8厘米、宽6.1厘米、厚1.9厘米，纽高10.1厘米。印文是铸字，左是汉文，右是满文，但字迹锈蚀不明。印的背面和两侧刻楷书铭文，印右侧铭文是"乾隆十六年五月　日"，背右铭文是"云南昭通东川镇雄镇标中营游击兼营中管事关防（一行）礼部造（二行）"，背左铭文是满文，印左侧铭文是"乾字一万八百三十三号"。

昭通镇总兵统率镇标中、左、右、前四营，东川营、镇雄营。

41. 云南昭通镇标前营分驻鲁甸中军守备关防

铜质长方印，印长8.6厘米、宽5.6厘米、厚1.7厘米，纽高8.9厘米。印文是铸字。印的背面和两侧刻楷书铭文，印右侧铭文是"乾隆三十年七月　日"，背右铭文是"云南昭通镇标前营分驻鲁甸中军守备关防（一行）礼部造（二行）"，背左铭文是满文，印左侧铭文是"乾字一万三千六号"（图九四，2）。云南省博物馆藏。

鲁甸其地即今昭通市鲁甸县。

42. 云南昭通镇标前营分驻凉山游击关防

铜质长方印，直纽。印长10厘米、宽6.3厘米、厚2.5厘米，纽高10.2厘米。印文是铸字。印的背面和两侧刻楷书铭文，印右侧铭文是"乾隆三十年七月　日"，背右铭文是"云南昭通镇标前营分驻凉山游击关防（一行）礼部造（二行）"，背左铭文是满文，印左侧铭文是"乾字一万三千七号"（图九五，1）。云南省博物馆藏。

凉山其地即今昭通市昭阳区田坝乡凉山村。

43. 云南昭通镇标右营分驻永善县游击关防

铜质长方印，直纽。印长9.8厘米、宽6.2厘米、厚2.1厘米，纽高9.8厘米。印文是铸字。印的背面和两侧刻楷书铭文，印右侧铭文是"乾隆三十年七月　日"，背右铭文是"云南昭通镇标右营分驻永善县游击关防（一行）礼部造（二行）"，背左铭文是满文，印左侧铭文是"乾字一万三千九号"（图九五，2）。云南省博物馆藏。

44. 云南昭通镇标右营分驻吞都中军守备关防

铜质长方印，直纽。印长 8.7 厘米、宽 5.6 厘米、厚 1.7 厘米，纽高 8.8 厘米。印文是铸字，印面左上角有补痕。印的背面和两侧刻楷书铭文，背右铭文是"云南昭通镇标右营分驻吞都中军守备关防（一行）礼部造（二行）"，背左铭文是满文，印右侧铭文是"乾隆三十年七月　日"，印左侧铭文是"乾字一万三千十号"（图九六，1）。云南省博物馆藏。

吞都其地即今昭通市永善县溪洛渡镇吞都村。

45. 曲江巡检司印

铜质方印，直纽。印边长 6.2 厘米、厚 1.6 厘米，纽高 8.2 厘米。印文是铸字，左是汉文，右是满文。印的背面和两侧刻楷书铭文，印右侧铭文是"乾隆十六年五月　日"，背右铭文是"曲江巡检司印（一行）礼部造（二行）"，背左铭文是满文，印左侧铭文锈蚀不清，可识者是"乾字十口三百六号"（有一字不明。图九六，2）。云南省博物馆藏。

曲江其地即今建水县北曲江镇。

46. 施甸巡检司印

铜质方印，直纽。印面右下角缺，似切弃。印边长 6.1 厘米、厚 1.6 厘米，纽高 8.0 厘米。印文是铸字，左是汉文，右是满文。印的背面和两侧刻楷书铭文，印右侧铭文是"乾隆十七年四月　日"，背右铭文是"施甸巡检司印（一行）礼部造（二行）"，背左铭文是满文，印左侧铭文是"乾字一万三百五十号"（图九七，1）。云南省博物馆藏。

施甸其地即今施甸县。

47. 潞江安抚司印

铜质方印，直纽。印边长 7.8 厘米、厚 1.8 厘米，纽高 8.7 厘米。印文是刻字，左是汉文，右是满文。印的背面和两侧刻楷书铭文，印右侧铭文是"乾隆十九年二月　日"，背右铭文是"潞江安抚司印（一行）礼部造（二行）"，背左铭文是满文，印左侧铭文是"乾字一万一千八百九号"（图九七，2）。云南省保山市博物馆藏。

潞江土官世系，道光《云南志钞·土司志上·永昌府》载："龙陵厅潞江安抚司土官……曩壁法，元时不知何官，明洪武十五年，大兵克金齿，曩壁法归附，授潞江长官。永乐元年设长官司，二年颁给信符、金字红牌。九年曩壁法遣子维罗法贡马、方物，赐钞币。寻升为安抚司，颁印信。……其子先卒，传孙曩旧法，遣弟曩贯入贡，改姓线，始名线旧法。……国朝平滇，有功投诚，仍授世职，颁给印信号纸。传倅崇毅。崇毅传国勋。国勋传于升。于升传朗。朗传维坤。乾隆三十四年，维坤从官军征缅，擒贼有功，叠受赏赉。传于海。"《新纂云南通志·土司考五·永昌府》载："孙永福光绪六年袭。十九年庆祥袭。民国十八年家齐袭。今（民国三十年后），土司为线光天。"自曩壁法至线光天，计传袭了 23 位。已知乾隆年间世袭者为维坤，故推此印为维坤用印。据调查，土官线氏族属为今傣族①。

司署位于保山市隆阳区潞江镇政府西南 20 公里处的新城村委会旁。

48. 陇川宣抚司印

铜质方印，直纽。印边长 8 厘米、厚 2 厘米。印文是刻字，左是汉文，右是满文。印的背面和两侧刻楷书铭文，印右侧铭文是"乾隆十九年二月　日"，背右铭文是"陇川宣抚司印（一行）礼部造（二行）"，背左铭文是满文，印左侧铭文是"乾字一万一千八百七号"。云南省陇川县文物管理所藏。

陇川土司姓多，傣族②。据道光《云南志钞·土司志上·水昌府》载："正统六年（1441 年），王骥再征时，思机发脱走。十一年，分其地立陇川宣抚司，以恭项为宣抚使。……国朝平滇，安靖子绍宁投诚，仍授世职，颁给印信、号纸。"《新纂云南通志·土司考五·永昌府》载："光绪三十四年，忠瑶袭。民国二十五年，永（多，即刀）安袭。"自恭项至永安共传袭了 24 位。此印可能为多绍宁、多胜祖时用印。

陇川其地即今德宏傣族景颇族自治州陇川县。

49. 南甸宣抚司印

铜质方印，直纽。印边长 8.1 厘米、厚 1.9 厘米，通高 12 厘米。印文是刻字，左是汉文，右是满文。印的背面和两侧刻楷书铭文，印右侧铭文是"乾隆二十一年闰九月　日"，背右铭文是"南甸安抚司印（一行）礼部造（二行）"，背左铭文是满文，印左侧铭文是"乾字一万一千九百三十二号"（图九八，1）。梁河县文物管理所藏。

50. 南甸宣抚司印

铜质方印，直纽。印边长 8.2 厘米、厚 1.9 厘米，通高 11.9 厘米。印文是刻字，左是汉文，右是满文。印的背面和两侧刻楷书铭文，印右侧铭文是"乾隆三十一年闰九月　日"，背右铭文是"南甸安抚司印（一行）礼部造（二行）"，背左铭文是满文，印左侧铭文是"乾字一万一千九百三十二号"（图九八，2）。梁河县文物管理所藏。

南甸土司姓刀，傣族（百夷人）③。据《土官底簿·南甸州知州》载："刀贡蛮，百夷人。有祖父刀贡孟，先蒙宣慰思伦发委充南甸招鲁。"道光《云南志钞·土司志上·水昌府》载："国朝平滇，呈祥投诚，仍授宣抚世职，颁给印信、号纸。呈祥传启元。启元传恩赐。恩赐之袭，在雍正十二年。递传鼎铭、三锡、继翰。继翰无子，传弟维周。道光六年，维周子鸿绪袭。"其后无记。自刀贡孟至刀鸿绪，计传 25 人。清雍正十二年，刀恩赐袭，其后是刀鼎铭、刀三锡。此二印均为乾隆印，当是刀鼎铭或刀三锡用印。

南甸宣抚司辖地，其地东至芒市，南到陇川，北到腾冲，西到伊洛瓦底江岸。南甸宣抚司署在今德宏傣族景颇族自治州梁河县城内，仍保存较好，为全国重点文物保护单位。

51. 勐卯安抚司印

铜质方印，直纽。印边长 7.8 厘米、厚 1.8 厘米，通高 11.1 厘米。印文是刻字，左是汉文，右是满文。印的背面和两侧刻楷书铭文，印右侧铭文是"乾隆二十七年十二月　日"，背右铭文是"勐卯安抚司印（一行）礼部造（二行）"，背左铭文是满文，印左侧铭文是"乾字一万二千六百九十九号"（图九九，1）。梁河县文物管理所藏。

勐卯土司姓衍，傣族①。《续云南通志稿》载："一世思化，猛密头目，授蛮莫宣抚司。二世思正，为缅破杀，沐国公取养其弟，改名衍忠，安插于猛卯。"《新纂云南通志·土司考五·永昌府》载："清初平滇，瑄投诚，仍授世职，颁给印信、号纸。传子珌。珌传子志。志传子玥。玥传子初。初无子，以弟衍袭。嘉庆十九年，衍子连袭。"据此推知，此印当是衍初、衍衍时所用印。勐卯其地即今德宏傣族景颇族自治州瑞丽市境。

52. 孟定府印

铜质方印，直纽。印边长 8.1 厘米、厚 2.2 厘米，通高 12.1 厘米。印文是刻字，左是汉文，右是满文。印的背面和两侧刻楷书铭文，印右侧铭文是"乾隆二十二年三月　日"，背右铭文是"孟定府印（一行）礼部造（二行）"，背左铭文是满文，印左侧铭文是"乾字一万二千十九号"（图九九，2）。耿马县档案馆藏。

孟定府是土知府。知府始为刀姓，后为罕姓。傣族（百夷人）②。《明史·云南土司一·孟定》载："洪武三十五年，土酋刀名扛来朝，贡方物，赐绮帛钞币，设孟定府，以刀浑立为知府。……万历十二年，官兵取陇川，平孟定故地，以罕葛之后为知府。十五年颁孟定府印"《云南志钞·土司志上·永昌府》载："国朝平滇，珍投诚，仍授世职，颁印信号纸。珍传姪监猛。监猛传大兴。乾隆二十七年，木梳逆夷作乱，大兴不能抵御，又不通知邻封，被劾革职，迁徙江宁。遗职以其弟大亮袭。"此印是乾隆年间印，当是大兴用印。

孟定府土官传世可计 14 人。辖境约今耿马县、沧源县。府治今临沧市耿马傣族佤族自治县县城。

53. 耿马宣抚司印

铜质方印，直纽。印边长 7.8 厘米、厚 2 厘米，通高 11.2 厘米。印文是刻字，左

---

① 龚荫编著：《明清云南土司通纂》227～228 页，云南民族出版社，1985 年。

② 龚荫编著：《明清云南土司通纂》217～218 页，云南民族出版社，1985 年。

是汉文，右是满文。印的背面和两侧刻楷书铭文，印右侧铭文是"乾字壹万肆千肆佰叁拾壹号"，背右铭文是"耿马宣抚司印（一行）礼部造（二行）"，背左铭文是满文，印左侧铭文是"乾隆叁拾柒年捌月　日"（图一〇〇，1）。耿马县档案馆藏。

耿马土司们罕，傣族。文献记载传世2人[①]。《明史·云南土司一·孟定耿马安抚司附》载："孟定……领安抚司一，曰耿马。万历十二年置。以们罕为按抚使。……天启二年，缅人攻猛乃、孟艮，罕金欲救之。缅移兵攻金，金厚赂之，乃解。后与木邦罕正构难不绝云。"其后无记载。据此印，清乾隆年间仍升设宣抚司。

耿马其地即今临沧市耿马傣族佤族自治县。

54. 云南东川营分驻巧家右军守备关防

铜质长方印，直纽。印长8.6厘米、宽5.6厘米、厚1.7厘米。纽高9厘米。印文是铸字。印的背面和两侧刻楷书铭文，印右侧铭文是"乾隆三十年七月　日"，背右铭文是"云南东川营分驻巧家右军守备关防（一行）礼部造（二行）"，背左铭文是满文，印左侧铭文是"乾字一万三千十七号"（图一〇〇，2）。云南省博物馆藏。

巧家其地即昭通市巧家县。

55. 云南分巡迤西兵备兼管水利道之关防

铜质长方印，直纽。印边长9.9厘米、宽6.2厘米、厚2.4厘米，纽高9.1厘米。印文是刻字，左是汉文，右是满文。印的背面和两侧刻楷书铭文，印两侧铭文有的锈蚀不明，可识者印右侧铭文是"□□三十一年八月　日"，背右铭文是"云南分巡迤西兵备兼管水利道之关防（一行）礼部造（二行）"，背左铭文是满文，印左侧铭文是"□字一万四千十四号"（图一〇一，1；图版五，1）。云南省博物馆藏。

迤西即指云南西部地区，大致包括现在的大理、丽江、保山等地。

56. 分驻龙陵厅巡检兼管司狱印

铜质方印，直纽。印边长6.3厘米、厚1.8厘米，纽高8.6厘米。印文是铸字，左是汉文，右是满文。印的背面和两侧刻楷书铭文，印右侧铭文是"乾字壹万肆千叁百捌拾捌号"，背右铭文是"分驻龙陵厅巡检兼管司狱印（一行）礼部造（二行）"，背左铭文是满文，印左侧铭文是"乾隆叁拾陆年拾贰月 日"（图一〇一，2）。云南省博物馆藏。

龙陵厅其地即今保山市龙陵县。

57. 云南龙陵营参将之关防

铜质长方印，直纽。印长9.7厘米、宽6.0厘米、厚1.4厘米，纽高9.5厘米。印文是铸字，左是汉文，右是满文。印的背面和两侧刻楷书铭文，印右侧铭文是"光字一千三百一号"，背右铭文是"云南龙陵营参将之关防（一行）礼部造（二行）"，背

① 龚荫编著：《明清云南土司通纂》229～230页，云南民族出版社，1985年。

左铭文是满文，印左侧铭文是"光绪十七年五月 日"（图一○二，1）。云南省博物馆藏。

58. 鹤庆州印

铜质方印，直纽。印边长7.5厘米、厚1.6厘米，纽高9.3厘米。印文是铸字，左是汉文，右是满文。印的背面和两侧刻楷书铭文，有的字迹锈蚀不明，印右侧铭文字迹锈蚀不明，当为编号，背右铭文是"鹤庆州印（一行）礼部造（二行）"，背左铭文是满文，印左侧铭文是"乾隆叁拾陆年陆月 日"（图一○二，2）。云南省博物馆藏。

鹤庆州，明为军民府，领剑川、顺州。清初沿袭。乾隆三十五年降为州，隶于丽江府。此印当是改隶后所颁之印。其地即今大理白族自治州鹤庆县。

59. 鹤庆州儒学记

铜质长方印，直纽。印边长8.6厘米、宽5.6厘米、厚1.8厘米，纽高9厘米。印文是铸字，左是汉文，右是满文。印的背面和两侧刻楷书铭文，印右侧铭文是"乾字壹万肆千叁百拾捌號"，背右铭文是"鹤庆州儒学记（一行）礼部造（二行）"，背左铭文是满文，印左侧铭文是"乾隆叁拾陆年陆月 日"（图一○三）。云南省博物馆藏。

60. 建水县印

铜质方印，直纽。印边长6.9厘米、厚1.9厘米，纽高9.4厘米。印文是铸字，左是汉文，右是满文。印的背面和两侧刻楷书铭文，有的字迹锈蚀不明，印右侧铭文字迹锈蚀不明，当为编号，背右铭文是"建水县印（一行）礼部造（二行）"，背左铭文是满文，印左侧铭文是"乾隆叁拾陆年陆月 日"（图一○四，1）。云南省博物馆藏。

《清史稿·地理二十一》载，明，建水为州。清乾隆三十五年改为县。此印是改县后次年所颁之印。

61. 云南曲寻副将关防

铜质长方印，直纽。印边长10厘米、宽6.8厘米、厚2.1厘米，纽高9.5厘米。印文是铸字，左是汉文，右是满文。印的背面和两侧刻楷书铭文，印右侧铭文是"乾字壹万肆千陆百叁拾号"，背右铭文是"云南曲寻副将关防（一行）礼部造（二行）"，背左铭文是满文，印左侧铭文是"乾隆叁拾玖年捌月 日"（图一○四，2；图版五，2）。云南省博物馆藏。

62. 云南曲寻协左营分驻寻甸汛守备关防

铜质长方印，直纽。印边长8.1厘米、宽5.6厘米、厚1.8厘米，纽高9.0厘米。印文是铸字，左是汉文，右是满文。印的背面和两侧刻楷书铭文，印右侧铭文是"乾字壹万肆千陆百叁拾贰号"，背右铭文是"云南曲寻协左营分驻寻甸汛守备关防（一行）礼部造（二行）"，背左铭文是满文，印左侧铭文是"乾隆叁拾玖年捌月 日"（图一○五，1）。云南省博物馆藏。

曲寻协为云贵总督节制。寻甸其地即昆明市寻甸回族彝族自治县。

63. 云南曲寻协右营分驻罗平汛守备关防

铜质长方印，直纽。印边长 8.6 厘米、宽 5.6 厘米、厚 1.8 厘米，纽高 8.8 厘米。印文是铸字，左是汉文，右是满文。印的背面和两侧刻楷书铭文，印右侧铭文是"乾字壹万肆千陆百叁拾叁号"，背右铭文是"云南曲寻协右营分驻罗平汛守备关防（一行）礼部造（二行）"，背左铭文是满文，印左侧铭文是"乾隆叁拾玖年捌月　日"（图一〇五，2）。云南省博物馆藏。

罗平其地即今曲靖市罗平县。

64. 云南永北营参将之关防

铜质长方印，直纽。印边长 9.9 厘米、宽 6.7 厘米、厚 2.1 厘米，纽高 9.5 厘米。印文是铸字，左是汉文，右是满文。印的背面和两侧刻楷书铭文，印右侧铭文是"乾字壹万肆千陆百叁拾捌号"，背右铭文是"云南永北营参将之关防（一行）礼部造（二行）"，背左铭文是满文，印左侧铭文是"乾隆叁拾玖年玖月　日"（图一〇六，1）。云南省博物馆藏。

永北其地即今丽江市永胜县。

65. 云南永北营分驻阿喇山右军守备关防

铜质长方印，直纽。印边长 8.6 厘米、宽 5.5 厘米、厚 1.5 厘米，纽高 8.4 厘米。印文是铸字，左是汉文，右是满文。印的背面和两侧刻楷书铭文，印右侧铭文是"嘉字四百五十三号"，背右铭文是"云南永北营分驻阿喇山右军守备关防（一行）礼部造（二行）"，背左铭文是满文，印左侧铭文是"嘉庆八年十二月　日"（图一〇六，2）。云南省博物馆藏。

阿喇山即今丽江市永胜县松坪傈僳族彝族乡西北金沙江东岸之阿拉山村。

66. 永北直隶厅经历印

铜质方印，直纽。印边长 6.3 厘米、厚 1.6 厘米，纽高 8.5 厘米。印文是铸字，左是汉文，右是满文。印的背面和两侧刻楷书铭文，印右侧铭文是"光字一百二十号"，背右铭文是"永北直隶厅经历印（一行）礼部造（二行）"，背左铭文是满文，印左侧铭文是"光绪二年六月　日"（图一〇七，1）。云南省博物馆藏。

永北直隶厅，"明，北胜州。康熙五年，降为属州，……三十一年，复为直隶州。三十七年，升为永北府。……乾隆三十五年，改直隶厅。光绪三十四年，以厅属之华荣庄经历改设知县，仍隶厅。"[①] 其地当今丽江市永胜县。直隶厅经历驻旧衙坪。

67. 云南添设分防永北直隶厅华荣庄经历印

铜质方印，直纽。印边长 6.2 厘米、厚 1.6 厘米，纽高 9.4 厘米。印文是刻字，左是汉文，右是满文。印的背面和两侧刻楷书铭文，印右侧铭文是"光字一千三百六十

---

① 《清史稿·地理二十一》。

号"，背右铭文是"云南添设分防永北直隶厅华荣庄经历印（一行）礼部造（二行）"，背左铭文是满文，印左侧铭文是"光绪十八年十月　日"（图一〇七，2）。云南省博物馆藏。

华荣庄其地即今丽江市华坪县。

68. 云南腾越永昌龙陵顺云等处总兵官之关防

铜质长方印，直纽。印边长 10.5 厘米、宽 6.6 厘米、厚 2.0 厘米，纽高 10.2 厘米。印文是铸字，左是汉文，右是满文。印的背面和两侧刻楷书铭文，印右侧铭文是"乾字壹万肆千玖百肆号"，背右铭文是"云南腾越永昌龙陵顺云等处总兵官之关防（一行）礼部造（二行）"，背左铭文是满文，印左侧铭文是"乾隆肆拾贰年伍月　日"（图一〇八，1）。云南省博物馆藏。

腾越总兵统率镇标中、左、右三营，永昌协左营，右营，顺云协中营、左营、右营，龙陵营。

69. 云南腾越镇标中军游击兼管中管事之关防

铜质长方印，直纽。印边长 9.7 厘米、宽 6.8 厘米、厚 2.0 厘米，纽高 9.5 厘米。印文是铸字，左是汉文，右是满文。印的背面和两侧刻楷书铭文，印右侧铭文是"乾字壹万肆千玖百伍号"，背右铭文是"云南腾越镇标中军游击兼管中管事之关防（一行）礼部造（二行）"，背左铭文是满文，印左侧铭文是"乾隆肆拾贰年伍月　日"（图一〇八，2）。云南省博物馆藏。

70. 云南腾越镇标中军游击关防

铜质长方印，直纽。印长 9.6 厘米、宽 6.2 厘米、厚 1.8 厘米，纽高 9.1 厘米。印文是铸字，左是汉文，右是满文。印的背面和两侧刻楷书铭文，印右侧铭文是"同字一千二百七十七号"，背右铭文是"云南腾越镇标中军游击关防（一行）礼部造（二行）"，背左铭文是满文，印左侧铭文是"同治十三年六月　日"（图一〇九，1）。云南省博物馆藏。

腾越其地即今保山市腾冲县。

71. 云南永昌协副将之关防

铜质长方印，直纽。印边长 9.8 厘米、宽 6.8 厘米、厚 1.8 厘米，纽高 9.5 厘米。印文是铸字，左是汉文，右是满文。印的背面和两侧刻楷书铭文，印右侧铭文是"乾字壹万肆千玖百拾号"，背右铭文是"云南永昌协副将之关防（一行）礼部造（二行）"，背左铭文是满文，印左侧铭文是"乾隆肆拾贰年口月　日"（有一字不明。图一〇九，2）。云南省博物馆藏。

72. 云南永昌协副将之关防

铜质长方印，直纽。印长 9.6 厘米、宽 6.3 厘米、厚 1.5 厘米，纽高 9.0 厘米。印文是铸字，左是汉文，右是满文。印的背面和两侧刻楷书铭文，印右侧铭文是"光字三百四十一号"，背右铭文是"云南永昌协副将之关防（一行）礼部造（二行）"，背左铭文是满文，印左侧铭文是"光绪五年十一月　日"（图一一〇，1）。云南省博物馆藏。

永昌其地即今保山市隆阳区。

73. 永昌府腾越厅同知关防

铜质长方印，直纽。印长9厘米、宽6厘米、厚1.8厘米，纽高9.1厘米。印文是铸字，左是汉文，右是满文。印的背面和两侧刻楷书铭文，印右侧铭文是"道字六百八十六号"，背右铭文是"永昌府腾越厅同知关防（一行）礼部造（二行）"，背左铭文是满文，印左侧铭文是"道光五年十一月　日"（图一一〇，2）。云南省博物馆藏。

《清史稿·地理志》载，腾越厅为迤西道和腾越总兵所驻。明代，隶于永昌府。清嘉庆二十五年升为直隶厅。道光二年降为厅。此印为降厅后所颁之印。其地当今腾冲县。

初，厅并非为固定行政单位，而是指知府的佐贰官同知、通判分防，或专管某地的办事住所，后渐成固定行政单位。如对设县置州都不宜的地方，就成立厅，派同知或通判为官。隶于布政使司的厅名直隶厅，与府同级。隶于府，或将军，或道的厅为一般厅。厅长官同知、通判为正五品和正六品。

74. 云南顺云协分驻顺宁左营守备之条记

铜质长方印，直纽。印长8.3厘米、宽5.1厘米、厚1.6厘米，纽高8.8厘米。印文是铸字，左是汉文，右是满文。印的背面和两侧刻楷书铭文，印右侧铭文是"光字一百二十三号"，背右铭文是"云南顺云协分驻顺宁左营守备之条记（一行）礼部造（二行）"，背左铭文是满文，印左侧铭文是"光绪二年六月　日"（图一一一，1）。云南省博物馆藏。

顺宁其地即今临沧市凤庆县。

75. 云南顺云协分驻锡腊右营守备之条记

铜质长方印，直纽。印长8.2厘米、宽5.2厘米、厚1.5厘米，纽高8.8厘米。印文是铸字，左是汉文，右是满文。印的背面和两侧刻楷书铭文，印右侧铭文是"光字一百四十一号"，背右铭文是"云南顺云协分驻锡腊右营守备之条记（一行）礼部造（二行）"，背左铭文是满文，印左侧铭文是"光绪二年十二月　日"（图一一一，2）。云南省博物馆藏。

锡腊其地即今临沧市凤庆县营盘镇。锡腊是傣语，"四方集聚地"的意思。据调查，锡腊的范围包括了保山市昌宁县的勐统镇、更嘎乡，临沧市永德县的亚练乡、乌木龙乡，凤庆县的郭大寨乡、三岔河镇、勐佑镇的一些范围。

76. 云南景蒙营游击之关防

铜质长方印，直纽。印边长9.2厘米、宽6.2厘米、厚1.9厘米，纽高9.6厘米。

印文是铸字，左是汉文，右是满文。印的背面和两侧刻楷书铭文，印右侧铭文是"乾字壹万伍千柒拾肆号"，背右铭文是"云南景蒙营游击之关防（一行）礼部造（二行）"，背左铭文是满文，印左侧铭文是"乾隆肆拾肆年壹月 日"（图一一二，1）。云南省博物馆藏。

77. 云南景蒙营游击之关防

铜质长方印，直纽。印长9.7厘米、宽6.1厘米、厚1.7厘米，纽高9.2厘米。印面四角有高出印面0.2厘米的长方形钉。印文是铸字，左是汉文，右是满文。印的背面和两侧刻楷书铭文，印右侧铭文是"同字一千四十九号"，背右铭文是"云南景蒙营游击之关防（一行）礼部造（二行）"，背左铭文是满文，印左侧铭文是"同治九年七月 日"（图一一二，2）。云南省博物馆藏。

此印四角有钉，当是未启用之印。

78. 云南广西营游击之关防

铜质长方印，直纽。印边长9.7厘米、宽6.1厘米、厚1.9厘米，纽高9.5厘米。印文是铸字，左是汉文，右是满文。印的背面和两侧刻楷书铭文，印右侧铭文是"乾字一万五千八百六十一号"，背右铭文是"云南广西营游击之关防（一行）礼部造（二行）"，背左铭文是满文，印左侧铭文是"乾隆五十年二月 日"（图一一三，1）。云南省博物馆藏。

79. 云南威远营参将之关防

铜质长方印，直纽。印边长9.5厘米、宽6.1厘米、厚1.9厘米，纽高9.1厘米。印文是铸字，左是汉文，右是满文。印的背面和两侧刻楷书铭文，印右侧铭文是"嘉字七百三十三号"，背右铭文是"云南威远营参将之关防（一行）礼部造（二行）"，背左铭文是满文，印左侧铭文是"嘉庆十三年五月 日"（图一一三，2）。云南省博物馆藏。

80. 云南威远营参将之关防

铜质长方印，直纽。印长9.7厘米、宽6.4厘米、厚1.7厘米，纽高9.2厘米。印文是铸字，左是汉文，右是满文。印的背面和两侧刻楷书铭文，印右侧铭文是"同字一千一百二十号"，背右铭文是"云南威远营参将之关防（一行）礼部造（二行）"，背左铭文是满文，印左侧铭文是"同治十年三月 日"（图一一四，2）。云南省博物馆藏。

81. 云南威远营左军守备之关防

铜质长方印，直纽。印边长8.4厘米、宽5.6厘米、厚1.8厘米，纽高8.5厘米。印文是铸字，左是汉文，右是满文。印的背面和两侧刻楷书铭文，印右侧铭文是"嘉字七百三十五号"，背右铭文是"云南威远营左军守备之关防（一行）礼部造（二行）"，背左铭文是满文，印左侧铭文是"嘉庆十三年五月 日"（图一一四，1）。云南省博物馆藏。

82. 昆明县印

铜质方印，直纽。印边长 7.1 厘米、厚 1.9 厘米，纽高 9.2 厘米。印文是刻字，左是汉文，右是满文。印的背面和两侧刻楷书铭文，印右侧铭文可识者是"□□二千三百十□"（有 3 字不明），背右铭文是"昆明县印（一行）礼部造（二行）"，背左铭文是满文，印左侧铭文是"嘉庆二十一年十二月"（图一一五，1；图版五，5）。云南省博物馆藏。

83. 顺宁县印

铜质方印，直纽。印边长 6.9 厘米、厚 1.9 厘米，纽高 8.7 厘米。印文是铸字，左是汉文，右是满文。印的背面和两侧刻楷书铭文，印右侧铭文是"道字二百三十五号"，背右铭文是"顺宁县印（一行）礼部造（二行）"，背左铭文是满文，印左侧铭文是"道光三年三月　日"（图一一五，2）。云南省博物馆藏。

84. 顺宁县儒学记

铜质长方印，直纽。印长 8.3 厘米、宽 5.5 厘米、厚 1.7 厘米，纽高 8.4 厘米。印文是铸字，左是汉文，右是满文。印的背面和两侧刻楷书铭文，印右侧铭文是"道字二百四十八号"，背右铭文是"顺宁县儒学记（一行）礼部造（二行）"，背左铭文是满文，印左侧铭文是"道光三年五月　日"（图一一六，1）。云南省博物馆藏。

85. 顺宁县儒学记

铜质长方印，直纽。印长 8.3 厘米、宽 5.3 厘米、厚 1.6 厘米，纽高 8.8 厘米。印文是铸字，左是汉文，右是满文。印的背面和两侧刻楷书铭文，印右侧铭文是"光字一百九十四号"，背右铭文是"顺宁县儒学记（一行）礼部造（二行）"，背左铭文是满文，印左侧铭文是"光绪三年十一月　日"（图一一六，2）。云南省博物馆藏。

顺宁其地当今凤庆县。

86. 宁洱县印

铜质方印，直纽。印边长 6.8 厘米、厚 1.9 厘米，纽高 8.7 厘米。印文是铸字，左是汉文，右是满文。印的背面和两侧刻楷书铭文，印右侧铭文是"道字二百三十八号"，背右铭文是"宁洱县印（一行）礼部造（二行）"，背左铭文是满文，印左侧铭文是"道光三年四月　日"（图一一七，1）。云南省博物馆藏。

明代，宁洱为车里宣慰司之地。清顺治十六年改隶于元江府。康熙三年调元江府通判分防。雍正七年，以所属普洱等处六大茶山及橄榄坝江内六版纳地置普洱府。乾隆元年置宁洱县①。其地即今普洱市宁洱哈尼族彝族自治县。

87. 镇沅直隶厅儒学记

铜质长方印，直纽。印长 8.4 厘米、宽 5.4 厘米、厚 1.8 厘米，纽高 8.3 厘米。印

---

① 《清史稿·地理二十一》。

文是铸字，左是汉文，右是满文。印的背面和两侧刻楷书铭文，印右侧铭文是"道字一千五百十号"，背右铭文是"镇沅直隶厅儒学记（一行）礼部造（二行）"，背左铭文是满文，印左侧铭文是"道光二十二年十一月 日"（图一一七，2）。云南省博物馆藏。

镇沅即今普洱市镇沅彝族哈尼族拉祜族自治县。

88. 云南元新营参将之关防

铜质长方印，直纽。印长9.7厘米、宽6厘米、厚2厘米，纽高9.2厘米。印文是铸字，左是汉文，右是满文。印的背面和两侧刻楷书铭文，印右侧铭文是"咸字一百三十五号"，背右铭文是"云南元新营参将之关防（一行）礼部造（二行）"，背左铭文是满文，印左侧铭文是"咸丰三年十一月 日"（图一一八，1）。云南省博物馆藏。

89. 云南元新营分驻新平右营守备关防

铜质长方印，直纽。印长8.4厘米、宽5.2厘米、厚1.6厘米，纽高8.1厘米。印文是铸字，左是汉文，右是满文。印的背面和两侧刻楷书铭文，印右侧铭文是"咸字一百三十六号"，背右铭文是"云南元新营分驻新平右营守备关防（一行）礼部造（二行）"，背左铭文是满文，印左侧铭文是"咸丰三年十一月 日"（图一一八，2）。云南省博物馆藏。

新平其地即今玉溪市新平彝族傣族自治县。

90. 云南普洱镇分驻他郎左营游击之关防

铜质长方印，直纽。印长9.6厘米、宽6.2厘米、厚2厘米，纽高9.1厘米。印文是铸字，左是汉文，右是满文。印的背面和两侧刻楷书铭文，印右侧铭文是"咸字一百三十七号"，背右铭文是"云南普洱镇分驻他郎左营游击之关防（一行）礼部造（二行）"，背左铭文是满文，印左侧铭文是"咸丰三年十一月 日"（图一一九，1）。云南省博物馆藏。

91. 他郎厅儒学记

铜质长方印，直纽。印长8.4厘米、宽5.3厘米、厚1.5厘米，纽高8.6厘米。印面四角有高出印面0.2厘米的长方形钉。印文是刻字，左是汉文，右是满文。印的背面和两侧刻楷书铭文，印右侧铭文是"光字三百九十二号"，背右铭文是"他郎厅儒学记（一行）礼部造（二行）"，背左铭文是满文，印左侧铭文是"光绪七年闰七月 日"（图一一九，2）。云南省博物馆藏。

据印面四角保存的长方钉，可知此印为新颁而未启用之印。

明，他郎厅为恭顺土州。清顺治十八年省入元江府。雍正十年设厅，乾隆三十五年改属普洱府，以后未有更动①。他郎其地即今普洱市墨江哈尼族自治县。

————————

① 《清史稿·地理二十一》。

92. 云南楚雄协副将之关防

铜质长方印，直纽。印长9.6厘米、宽6.1厘米、厚1.6厘米，纽高9.1厘米。印文是铸字，左是汉文，右是满文。印的背面和两侧刻楷书铭文，印右侧铭文是"同字一千六十九号"，背右铭文是"云南楚雄协副将之关防（一行）礼部造（二行）"，背左铭文是满文，印左侧铭文是"同治九年九月　日"（图一二〇，1）。云南省博物馆藏。

93. 广通县儒学记

铜质长方印，直纽。印长8.4厘米、宽5.3厘米、厚1.7厘米，纽高8.8厘米。印文是刻字，左是汉文，右是满文。印的背面和两侧刻楷书铭文，印右侧铭文是"同字一千九十七号"，背右铭文是"广通县儒学记（一行）礼部造（二行）"，背左铭文是满文，印左侧铭文是"同治九年九月　日"（图一二〇，2）。云南省博物馆藏。

广通其地即今楚雄彝族自治州禄丰县广通镇。

94. 云南鹤丽镇标中军游击关防

铜质长方印，直纽。印长9.6厘米、宽6.2厘米、厚1.6厘米，纽高9.0厘米。印文是铸字，左是汉文，右是满文。印的背面和两侧刻楷书铭文，印右侧铭文是"同字一千二百五十九号"，背右铭文是"云南鹤丽镇标中军游击关防（一行）礼部造（二行）"，背左铭文是满文，印左侧铭文是"同治十二年十二月　日"（图一二一，1）。云南省博物馆藏。

95. 云南维西协右营守备之条记

铜质长方印，直纽。印长8.2厘米、宽5.1厘米、厚1.6厘米，纽高8.7厘米。印文是铸字，左是汉文，右是满文。印的背面和两侧刻楷书铭文，印右侧铭文是"同字一千三百四十八号"，背右铭文是"云南维西协右营守备之条记（一行）礼部造（二行）"，背左铭文是满文，印左侧铭文是"同治十三年十二月　日"（图一二一，2）。云南省博物馆藏。

维西其地即今迪庆藏族自治州维西傈僳族自治县。

96. 云南武定营参将之关防

铜质长方印，直纽。印长9.7厘米、宽6.3厘米、厚1.6厘米，纽高8.8厘米。印文是铸字，左是汉文，右是满文。印的背面和两侧刻楷书铭文，印右侧铭文是"同字一千六百二十九号"，背右铭文是"云南武定营参将之关防（一行）礼部造（二行）"，背左铭文是满文，印左侧铭文是"同治十三年五月　日"（图一二二，1）。云南省博物馆藏。

武定其地即今楚雄彝族自治州武定县。

97. 邓川州儒学记

铜质长方印，直纽。印长8.4厘米、宽5.3厘米、厚1.6厘米，纽高8.8厘米。印面四角有高出印面 0.2 厘米的长方形钉。印文是铸字，左是汉文，右是满文。印的背面和两侧刻楷书铭文，印右侧铭文是"光字一百九十三号"，背右铭文是"邓川州儒学记（一行）礼部造（二行）"，背左铭文是满文，印左侧铭文是"光绪三年十一月 日"（图一二二，2）。云南省博物馆藏。

据印面四角保存的长方钉，可知此印为新颁而未启用之印。邓川其地即今大理白族自治州洱源县南邓川镇。

98. 世袭镇康州知州印

铜质方印，直纽。印边长 7.5 厘米、厚 1.6 厘米，通高 10.9 厘米。印文是刻字，左是汉文，右是满文。印的背面和两侧刻楷书铭文，印右侧铭文是"光字六百二十七号"，背右铭文是"世袭镇康州知州印（一行）礼部造（二行）"，背左铭文是满文，印左侧铭文是"光绪七年八月 日"（图一二四，1）。梁河县文物管理所藏。

镇康州是土知州。知州刀氏，百夷人（傣族）[1]。计传袭 15 代。《土官底部·镇康州知州》载："大闷法，百夷人，从麓川宣慰思看法征讨有功，充招募名目，拟管林马甸寨。……永乐七年（1409）七月，钦设镇康州，将曩光升做知州。"道光《云南志钞·土司志上·永昌府》载："国朝平滇，枳子达投诚，仍授世职，颁给印信号纸。……济传克彰，道光二年袭。"《新纂云南通志·土司考二·永昌府》："镇康州土知州……晟图死，乏嗣，胞弟锦图光绪四年袭。"此后未见记载。此印是光绪七年颁印，当是刀锦图用印。

时镇康州辖境约当于今天的永德县、镇康县和缅甸的果敢县，治所位于今永德县的永康坝。

99. 云南开化镇后营游击之关防

铜质长方印，直纽。印长 9.7 厘米、宽 6.2 厘米、厚 1.5 厘米，纽高 8.8 厘米。印文是铸字，左是汉文，右是满文。印的背面和两侧刻楷书铭文，印右侧铭文是"光字一千三十四号"，背右铭文是"云南开化镇后营游击之关防（一行）礼部造（二行）"，背左铭文是满文，印左侧铭文是"光绪十二年十一月 日"（图一二三，1）。云南省博物馆藏。

开化其地即今文山壮族苗族自治州文山市城区，城区仍保留开化镇设置。

100. 云南开化镇中营分防马白关游击关防

铜质长方印，直纽。印长 9.5 厘米、宽 6.3 厘米、厚 1.4 厘米，纽高 8.8 厘米。印文是铸字，左是汉文，右是满文。印的背面和两侧刻楷书铭文，印右侧铭文是"光字一千四十五号"，背右铭文是"云南开化镇中营分防马白关游击关防（一行）礼部造（二行）"，背左铭文是满文，印左侧铭文是"光绪十二年十二月 日"（图一二三，2；

① 龚荫编著：《明清云南土司通纂》222～224 页，云南民族出版社，1985 年。

图版五，4）。云南省博物馆藏。

马白关其地即今文山壮族苗族自治州马关县。

101. 黑盐井儒学记

铜质长方印，直纽。印长 8.3 厘米、宽 5 厘米、厚 1.4 厘米，纽高 9 厘米。印文是刻字，左是汉文，右是满文。印的背面和两侧刻楷书铭文，印右侧铭文是"光字一千二百三十一号"，背右铭文是"黑盐井儒学记（一行）礼部造（二行）"，背左铭文是满文，印左侧铭文是"光绪十五年十二月　日"（图一二四，2）。云南省博物馆藏。

黑盐井其地即今禄丰县黑井镇，清代，隶于楚雄府定远县（今牟定县），其地产盐，并设有黑盐井提举司，驻宝泉乡。

102. 宾川州印

铜质方印，直纽。印边长 7.5 厘米、厚 1.8 厘米，纽高 9.1 厘米。印文是铸字，左是汉文，右是满文。印的背面和两侧刻楷书铭文，但铭文字迹锈蚀不明（图一二五，1）。云南省博物馆藏。

宾川其地即今大理白族自治州宾川县。

第二节　杜文秀大理政权官印

1. 总统兵马大元帅杜印

金质长方形印，狮纽。狮子四脚直立，口中衔一红宝石。印重八十六两。印文是阳文楷书字体，右是汉文"总统兵马大元帅杜"，左是回文"全体伊斯兰教人的元帅"（图一二五，2）。

大理被克后，杨玉科把杜文秀印呈送马如龙，法国人罗舍访问马如龙时，见杜文秀印，打下几份作纪念[1]，此印为罗舍所盖印。

2. 东路前将军篆

铜质方印，直纽。印边长 7.8 厘米、厚 2 厘米，纽高 8 厘米，直径 1.6～2.5 厘米。印文是篆书阳文刻字，右半是阿拉伯文，读如"苏勒伊玛乃"，意为苏来曼，为杜文秀的经名（教名），所收杜文秀大理政权官印印文中的阿文均相同，左半是汉文"东路前将军篆"。印背背右刻双线空心楷书铭文"戊午年造"，背左刻小儿锦铭文，意与右铭文同（图一二六；图版六，2）。云南省博物馆藏[2]。

---

[1] （法）罗舍著，李耀商译：《云南回民革命见闻秘记》，北京清真书报社，1952 年。白寿彝：《中国近代史资料丛刊·回民起义（一）》，上海人民出版社，2001 年。荆德新编：《云南回民起义史料》，云南民族出版社，1986 年。

[2] 萧明华、李玉英：《杜文秀大理政权官印集释》，《文物》1986 年 7 期。

戊午年即 1858 年。

3. 都督之篆

铜质方印，直纽。印边长 7.4 厘米、厚 1.7 厘米，纽高 7 厘米，直径 1～2.1 厘米。印文是篆书阳文刻字，右半是阿拉伯文，左半是汉文"都督之篆"。印右侧刻双线空心楷书铭文"天字第玖号"。印背右刻双线空心楷书字体铭文"戊午年造"，印背左刻小儿锦文，意与右铭文同（图一二七；图版六，1）。云南省博物馆藏。

4. 都督之篆

铜质方印，直纽。印边长 7.9 厘米、厚 1.6 厘米，纽高 7.7 厘米、直径 2～2.5 厘米。印文是篆书阳文刻字，右半是阿拉伯文，左半是汉文"都督之篆"。印背右刻楷书铭文"壬戌年造"，印背左刻小儿锦文（图一二八，1）①。澜沧县文物管理所藏。

壬戌年即 1862 年。

5. 都督之篆

铜质方印，直纽。印边长 7.8 厘米、厚 2.1 厘米，纽高 8.1 厘米、直径 2～2.5 厘米。印文是篆书阳文刻字，右半是阿拉伯文，左半是汉文"都督之篆"。印背右刻楷书铭文"癸亥年造"，印背左刻小儿锦文，意与右铭文同。印左侧刻楷书铭文"胜字第二百一十一号"（图一二九）。云南省博物馆藏。

癸亥年即 1863 年。

6. 都督之篆

铜质方印，直纽。印边长 7 厘米、厚 1.6 厘米，纽高 8.5 厘米。印文是篆书阳文刻字，右半是阿拉伯文，左半是汉文"都督之篆"。印背右刻楷书铭文"甲子年造"，印背左刻小儿锦文，意与右铭文同。印左侧刻楷书铭文"胜字第九百十三号"②。

甲子年即 1864 年。

7. 都督之篆

铜质方印，直纽。印边长 7.8 厘米、厚 1.8 厘米，通高 10.3 厘米。印文是篆书阳文刻字，右半是阿拉伯文，左半是汉文"都督之篆"。印背右刻楷书铭文"甲子年造"，印背左刻小儿锦文。印左侧刻楷书铭文"胜字第九百五十号"（图一二八，2）。铭文可识不可拓。云南省大理市博物馆藏。

8. 都督之篆

铜质方印，直纽。印边长 7.5 厘米、厚 1.7 厘米，通高 10 厘米。印文是篆书阳文刻字，右半是阿拉伯文，左半是汉文"都督之篆"。印背右刻楷书铭文"己巳年造"，印背左刻小儿锦文。印左侧刻楷书铭文"胜字第一千六百八十五号"（图一三〇）。大

理市博物馆藏。

己巳年即 1869 年。

9. 行营冀长之篆

铜质方印，直纽。印边长 6.5 厘米、厚 1.7 厘米，纽高 6.7 厘米、直径 1.6～2 厘米。印文是篆书阳文刻字，右半是阿拉伯文，左半是汉文"行营冀长之篆"。印右侧刻楷书双线空心字体铭文"地字第七号"，印背右刻楷书双线空心字体铭文"己未年造"，印背左刻小儿锦铭文，意与右铭文同（图一三一；图版六，3）。云南省博物馆藏。

己未年即 1859 年。

10. 行营冀长之篆

铜质方印，直纽。印边长 7 厘米、厚 1.7 厘米，纽高 8.1 厘米、直径 1.8～2 厘米。印文是篆书阳文刻字，右半是阿拉伯文，左半是汉文"行营冀长之篆"。印背右刻楷书双线空心字体铭文"壬戌年造"，印背左刻小儿锦铭文（图一三二）。云南省博物馆藏。

11. 行营翼长之篆

铜质方印，直纽。印边长 6.6 厘米、厚 1.4 厘米，通高 10 厘米。印文是篆书阳文刻字，右半是阿拉伯文，左半是汉文"行营翼长之篆"。印背无铭文（图一三三，1）。大理市博物馆藏。

此印印文残蚀，可能为废印。

12. □□后将军篆

铜质方印，直纽。印边长 7.5 厘米、厚 1.8 厘米，纽高 8 厘米、直径 1.4～2 厘米。印文是篆书阳文刻字，右半是阿拉伯文，左半是汉文"□□后将军之篆"。印背右刻楷书铭文"己未年造"，印背左刻小儿锦铭文（图一三四）。云南省博物馆藏。

印文前二字被削，可能为废弃之印。

13. 蒙化世袭抚夷知府之篆

铜质方印，直纽。印边长 7.3 厘米、厚 1.4 厘米，纽高 7.7 厘米、直径 1.2～1.7 厘米。印文是篆书阳文刻字，右半是阿拉伯文，左半是汉文"蒙化世袭抚夷知府之篆"。印背右刻楷书铭文"己未年造"，印背左刻小儿锦铭文（图一三三，2）。云南省博物馆藏。

蒙化府其地即今巍山彝族回族自治县。己未年即 1859 年。

14. 世袭永北北胜州土知州之篆

铜质方印，直纽。印边长 6.7 厘米、厚 1.8 厘米，纽高 7.7 厘米、直径 1.6～2.2 厘米。印文是篆书阳文刻字，右半是阿拉伯文，左半是汉文"世袭永北北胜州土知州之篆"。印背右刻楷书铭文"辛酉年造"，印背左刻小儿锦铭文（图一三五）。云南省博物馆藏。

永北北胜州其地即今丽江市永胜县。辛酉年即 1861 年。

15. 承审司篆

铜质方印，直纽。印边长 6.4 厘米、厚 1.7 厘米，纽高 7.3 厘米。印文是篆书阳文刻字，右半是阿拉伯文，左半是汉文"承审司篆"。印背右刻楷书铭文"庚申年造"，印背左刻小儿锦铭文（图一三六，1）。云南省博物馆藏。

庚申年即 1860 年。

16. 行营监军之篆

铜质方印，直纽。印边长 6.6 厘米、厚 1.8 厘米，纽高 7.3 厘米、直径 1.7～2.2 厘米。印文是篆书阳文刻字，右半是阿拉伯文，左半是汉文"行营监军之篆"。印背右刻楷书铭文"辛酉年造"，印背左刻小儿锦铭文。印左侧刻楷书铭文"胜字第八十三号"（图一三七，1）。云南省怒江州文物管理所藏。

辛酉即 1861 年。

17. 行营监军之篆

铜质方印，直纽。印边长 6.7 厘米。印文是篆书阳文刻字，右半是阿拉伯文，左半是汉文"行营监军之篆"。印背右刻楷书铭文"辛酉年造"，印背左刻小儿锦铭文，意与右铭文同。印左侧刻楷书铭文"胜字第九十九号"（图一三七，2）。云南省西双版纳傣族自治州文物管理所藏。

18. 参谋之篆

铜质方印，直纽。印边长 6.6 厘米、厚 1.8 厘米，纽高 7.3 厘米、直径 1.8～2.3 厘米。印文是篆书阳文刻字，右半是阿拉伯文，左半是汉文"参谋之篆"。印背右刻楷书铭文"辛酉年造"，印背左刻小儿锦铭文（图一三八）。云南省博物馆藏。

19. 参谋之篆

铜质方印，直纽。印边长 6.6 厘米、厚 1.7 厘米，通高 10.7 厘米。印文是篆书阳文刻字，右半是阿拉伯文，左半是汉文"参谋之篆"。印背右刻楷书铭文"癸亥年造"，印背左刻小儿锦铭文。印左侧刻楷书铭文"永字第一百八十四号"（图一三九）。大理市博物馆藏。

癸亥年是 1863 年。

20. 后丞右将军篆

铜质方印，直纽。印边长 7.6 厘米、厚 1.7 厘米，纽高 8.2 厘米、直径 2.1～2.3 厘米。印文是篆书阳文刻字，右半是阿拉伯文，左半是汉文"后丞右将军篆"。印背右刻楷书铭文"辛酉年造"，印背左刻小儿锦铭文（图一四〇）。云南省博物馆藏。

21. 都指挥篆

铜质方印，直纽。印边长 7 厘米、厚 1.7 厘米，纽高 7.5 厘米、直径 1.8～2.1 厘米。印文是篆书阳文刻字，右半是阿拉伯文，左半是汉文"都指挥篆"。印背右刻楷书铭文"辛酉年造"，印背左刻小儿锦铭文（图一四一）。云南省博物馆藏。

22. 智勇后先锋篆

铜质方印，直纽。印边长 6.9 厘米、厚 1.8 厘米，纽高 7.4 厘米、直径 1.8～2.4 厘米。印文是篆书阳文刻字，右半是阿拉伯文，左半是汉文"智勇后先锋篆"。印背右刻楷书铭文"辛酉年造"，印背左刻小儿锦铭文（图一四二；图版六，4）。云南省博物馆藏。

23. 右厢左领军篆

铜质方印，直纽。印边长 7.5 厘米、厚 2.1 厘米，纽高 8.5 厘米、直径 2.1～2.5 厘米。印文是篆书阳文刻字，右半是阿拉伯文，左半是汉文"右厢左领军篆"。印背右刻楷书铭文"壬戌年造"，印背左刻小儿锦铭文，印左侧刻楷书字体铭文"□□□一百五十号"（前 3 字不明。图一三六，2）。云南省博物馆藏。

24. 左厢左领军篆

铜质方印，直纽。印边长 7.5 厘米、厚 2.3 厘米，纽高 8.2 厘米、直径 2.1～2.5 厘米。印文是篆书阳文刻字，右半是阿拉伯文，左半是汉文"左厢左领军篆"。印背右刻楷书铭文"壬戌年造"，背左刻小儿锦文。印左侧刻楷书铭文"胜字第二百八十九号"（图一四三）。云南省博物馆藏。

25. 左厢前领军篆

铜质方印，直纽。印边长 7.6 厘米、厚 2 厘米，纽高 8.3 厘米、直径 2.1～2.5 厘米。印文是篆书阳文刻字，右半是阿拉伯文，左半是汉文"左厢前领军篆"。印背右刻楷书铭文"壬戌年造"，印背左刻小儿锦铭文。印左侧刻楷书铭文"胜字第二百八十七号"（图一四四）。云南省博物馆藏。

26. 世袭领军之篆

铜质方印，直纽。印边长 7.3 厘米、厚 1.9 厘米，纽高 8 厘米、直径 2.1～2.4 厘米。印文是篆书阳文刻字，右半是阿拉伯文，左半是汉文"世袭领军之篆"。印背右刻楷书铭文"癸亥年造"，印背左刻小儿锦铭文。印左侧刻楷书铭文"胜字第二百三十二号"（图一四五）。云南省博物馆藏。

27. 世袭领军之篆

铜质方印，直纽。印边长 7.5 厘米、厚 2.1 厘米，纽高 8.2 厘米、直径 2～2.4 厘米。印文是篆书阳文刻字，右半是阿拉伯文，左半是汉文"世袭领军之篆"。印背右刻楷书铭文"癸亥年造"，印背左刻小儿锦铭文。印左侧刻楷书铭文"胜字第二百四十号"（图一四六）。云南省博物馆藏。

28. 世袭领军之篆

铜质方印，直纽。印边长 7.2 厘米、厚 2 厘米，纽高 8.1 厘米、直径 1.7～2.2 厘米。印文是篆书阳文刻字，右半是阿拉伯文，左半是汉文"世袭领军之篆"。印背右刻楷书铭文"癸亥年造"，印背左刻小儿锦铭文。印左侧刻楷书铭文"胜字第二百三十三号"（图一四七，1）。云南省博物馆藏。

29. 左阵右冠军篆

铜质方印，直纽。印边长 7.4 厘米、厚 1.7 厘米，纽高 8.2 厘米、直径 2.1～2.5 厘米。印文是篆书阳文刻字，右半是阿拉伯文，左半是汉文"左阵右冠军篆"。印背右刻楷书铭文"癸亥年造"，印背左刻小儿锦铭文。印左侧刻楷书铭文"胜字第三百二十七号"（图一四七，2）。云南省博物馆藏。

30. 车骑右将军篆

铜质方印，直纽。印边长 8.0 厘米、厚 2.1 厘米，纽高 8.2 厘米、直径 2～2.4 厘米。印文是篆书阳文刻字，右半是阿拉伯文，左半是汉文"车骑右将军篆"。印背右刻楷书铭文"癸亥年造"，印背左刻小儿锦铭文。印左侧刻楷书铭文"胜字第三百八十一号"（图一四八）。云南省博物馆藏。

31. 中卫先锋之篆

铜质方印，直纽。印边长 6.3 厘米、厚 1.9 厘米，纽高 7.8 厘米、直径 1.7～2.3 厘米。印文是篆书阳文刻字，右半是阿拉伯文，左半是汉文"中卫先锋之篆"。印背右刻楷书铭文"癸亥年造"，印背左刻小儿锦铭文。印左侧刻楷书铭文"胜字第四百六十七号"（图一四九）。云南省博物馆藏。

32. 靖西后将军篆

铜质方印，直纽。印边长 7.8 厘米、厚 2 厘米，纽高 8.5 厘米、直径 2.5～3.3 厘米。印文是篆书阳文刻字，右半是阿拉伯文，左半是汉文"靖西后将军篆"。印背右刻楷书铭文"癸亥年造"，印背左刻小儿锦铭文（图一五〇，1）。云南省博物馆藏。

33. 世袭耿马抚夷都督之篆

铜质方印，直纽。印边长 8.5 厘米、厚 1.7 厘米，纽高 8.1 厘米。印文是篆书阳文刻字，右半是阿拉伯文，左半是汉文"世袭耿马抚夷都督之篆"。印背右刻楷书铭文"癸亥年造"，印背左刻小儿锦铭文，印左侧刻楷书铭文"胜字第四百八十八号"（图一五〇，2）。耿马县档案馆藏。

耿马即今临沧市耿马傣族佤族自治县。

34. 世袭勐班都督之篆

铜质方印，直纽。印边长 8.1 厘米，通高 10.9 厘米。印文是篆书阳文刻字，右半是阿拉伯文，左半是汉文"世袭勐班都督之篆"。印背右刻楷书铭文"乙丑年造"，印背左刻小儿锦铭文（图一五一，1）。云南省勐海县文化馆藏。

勐班其地即今景谷县猛班乡。乙丑年即 1865 年。

35. 定南后参军篆

铜质方印，直纽。印边长 7.6 厘米、厚 1.8 厘米，纽高 8.5 厘米、直径 2.2～2.9 厘米。印文是篆书阳文刻字，右半是阿拉伯文，左半是汉文"定南后参军篆"，印面阿文顶部凿有一方孔。印背右刻楷书铭文"甲子年造"，印背左刻小儿锦铭文。印左侧刻楷书铭文"永字第三百十号"（图一五一，2）。1984 年，云南省曲靖市麒麟区越州镇水城村农民捡到，交供销社，后交云南省曲靖市文物管理所藏。

甲子年即 1864 年。《大明英宗睿皇帝实录卷之九十》载："复云南曲靖卫定南堡，是。堡立于洪武中，后革去，至是，是兵部尚书王骥等言平夷，卫白水堡去曲靖辽远，且田土荒芜，宜复立定南堡，拨军屯守从之。"据此而知，明在曲靖卫设有定南堡，其地今不明。

36. 护军前将军篆

铜质方印，直纽。印边长 7.6 厘米、厚 1.8 厘米，通高 10.6 厘米。印文是篆书阳文刻字，右半是阿拉伯文，左半是汉文"护军前将军篆"。印背右刻楷书铭文"甲子年造"，印背左刻小儿锦铭文。印右侧刻楷书铭文"胜字第九百十九号"（图一五二）。大理市博物馆藏。

37. 都掌教篆

铜质方印，直纽。印边长 7.5 厘米、厚 2.0 厘米，纽高 8.7 厘米、直径 2～2.5 厘米。印文是篆书阳文刻字，右半是阿拉伯文，左半是汉文"都掌教篆"。印背右刻楷书铭文"甲子年造"，印背左刻小儿锦铭文。印左侧刻楷书铭文"永字第二百四十五号"（图一五三）。云南省博物馆藏。

38. 都掌教典籍篆

铜质方印，直纽。印边长 7.2 厘米、厚 1.7 厘米，通高 10.2 厘米。印文是篆书阳文刻字，右半是阿拉伯文，左半是汉文"都掌教典籍篆"。印背右刻楷书铭文"甲子年造"，印背左刻小儿锦铭文。印左侧刻楷书铭文"永字第三百五十号"（图一五四）。云南省博物馆藏。

39. 左帅前参军篆

铜质方印，直纽。印边长 7.5 厘米、厚 2.1 厘米，纽高 8.0 厘米、直径 2～2.5 厘米。印文是篆书阳文刻字，右半是阿拉伯文，左半是汉文"左帅前参军篆"。印背右刻楷书铭文"甲子年造"，印背左刻小儿锦铭文。印左侧刻楷书铭文"永字第六百九十二号"（图一五五）。大理市博物馆藏。

40. 干城后将军篆

铜质方印，直纽。印边长 7.8 厘米、厚 1.7 厘米，通高 10.3 厘米。印文是篆书阳文刻字，右半是阿拉伯文，左半是汉文"干城后将军篆"。印背右刻楷书铭文"甲子年造"，印背左刻小儿锦铭文，印左侧刻楷书铭文"胜字第六百五十八号"（图一五六，1）。耿马县档案馆藏。

41. 南军后参军篆

铜质方印，直纽。印边长 7.3 厘米、厚 1.5 厘米，纽高 8 厘米。印文是篆书阳文刻字，右半是阿拉伯文，左半是汉文"南军后参军篆"。印背右刻楷书铭文"丁卯年造"，印背左刻小儿锦铭文。印左侧刻楷书铭文"永字第五百九十六号"（图一五六，2）。巍山县文物管理所藏。

丁卯年即 1867 年。

42. 中军前参军篆

铜质方印，直纽。印边长 7.9 厘米、厚 1.7 厘米，纽高 8.2 厘米、直径 2.3～3.0 厘米。印文是篆书阳文刻字，右半是阿拉伯文，左半是汉文"中军前参军篆"。印背无铭文（图一五七，1）。云南省博物馆藏。

43. 中郎将篆

铜质方印，直纽。印边长 8.1 厘米、厚 1.8 厘米，纽高 8.7 厘米、直径 2.1～2.9 厘米。印文是篆书阳文刻字，右半是阿拉伯文，左半是汉文"中郎将篆"。印背无铭文（图一五七，2）。云南省博物馆藏。

44. 中郎将篆

铜质方印，直纽。印边长 7.9 厘米、厚 2.1 厘米，纽高 7.9 厘米、直径 2.4～2.9 厘米。印文是篆书阳文刻字，右半是阿拉伯文，左半是汉文"中郎将篆"。印背无铭文（图一五八，1）。云南省博物馆藏。

45. 中郎将篆

铜质方印，直纽。印边长 8.2 厘米、厚 1.9 厘米，纽高 8.1 厘米、直径 2～2.5 厘米。印文是篆书阳文刻字，右半是阿拉伯文，左半是汉文"中郎将篆"。印背无铭文（图一五八，2）。云南省博物馆藏。

46. 杲毅将军之篆

铜质方印，直纽。印边长 8 厘米、厚 2 厘米。纽与印断离，纽高 8.3 厘米。印文是篆书阳文刻字，右半是阿拉伯文，左半是汉文"杲毅将军之篆"。印背无铭文（图一五九，1）。昆明市博物馆藏。

47. 吏科参军之篆

铜质方印，直纽。印边长 7.7 厘米。印文是篆书阳文刻字，右半是阿拉伯文，左半是汉文"吏抖参军之篆"。印背无铭文（图一五九，2）。云南省档案馆藏。

"抖"可能是"科"字的误写。

48. 英敏将军之篆

铜质方印，直纽。印边长 7.9 厘米。印文是篆书阳文刻字，右半是阿拉伯文，左半是汉文"英敏将军之篆"（图一六〇，1）。印背无铭文。永平县文物管理所藏。

1996 年 5 月，永平县普朋村农民耕地中发现，后交永平县文物管理所。

49. 威略将军之篆

铜质方印，直纽。印边长 8 厘米、厚 1.8 厘米，通高 9 厘米。印文是篆书阳文刻字，右半是阿拉伯文，左半是汉文"威略将军之篆"（图一六○，2）。印背无铭文。南涧县文化馆藏。

第三节 西双版纳傣族政权官印①

一 车里宣慰使用印

1. 车里宣慰司印

木质方印，直纽。印边长8.3厘米、厚2.8厘米，纽高7.2厘米。印文是篆书阳文刻字，左是汉文，右是满文，印面磨损较重。印身无铭文（图一六一，1；图版七，6）。云南省博物馆藏。

车里土司，刀姓，傣族②。车里宣慰使世系，《明史·云南土司三·车里》载："车里，即古产里。……（元）置撤里路军民总管府。……（明）洪武十五年，蛮长刀坎来降，改置车里军民府，以坎为知府。……十七年……改置车里军民宣慰使司，以坎为使。"传袭至清。道光《云南志钞·土司志上·普洱府》载，"顺治十七年，车里宣慰刀穆祷投诚，仍授世职。……传至纯武，嘉庆二十二年袭。"《新纂云南通志·土司考四·世官一·普洱府》载："纯武与其叔太康构衅，带印潜逃。道光十四年，以太康子正综为故宣慰，太和后袭职。……光绪十年，子承思袭。承思死，子栋梁袭。"民国三十二年，弟刀栋刚代办。民国三十六年，刀栋梁子刀世勋袭职。自刀坎至刀世勋，计传袭了23位。

此印印文为满汉文，满汉文入印则是清朝官印的特点，故此印当是清印。在满文中，用楷书和篆书两种字体入印，又始于咸丰年以后，此印满文也用两种字体，故此印当是咸丰年以后所制之印。车里宣慰使司印都是由朝廷颁给，为何又刻木印呢？嘉庆二十二年，纯武袭宣慰使③。后纯武与其叔太康构衅，带印潜逃。道光十四年，以太康子正综为故宣慰，后一直世袭至1956年④。故推测，可能是铸印被纯武潜逃带走，朝廷未发新印，故自作木印代之。

车里宣慰司辖境即今西双版纳傣族自治州、思茅区、普洱县和境外猛乌、乌得等地。

2. 云南思茅厅车里宣慰司之印

木质坛形方印，直纽。印边长6.7厘米，印背边长5.2厘米，厚2.3厘米。纽高

---

① 萧明华：《建国前云南西双版纳傣族政权的动物图案官印》，《四川文物》1988年2期。
② 龚荫编著：《明清云南土司通纂》179～181页，云南民族出版社，1985年。
③ 道光《云南志钞·土司志上·普洱府》。
④ 《新纂云南通志·土司考四·世官一·普洱府》。

8.2 厘米，边长 1.5 厘米。印文是汉文篆书阳文刻字。印身无铭文（图一六一，2；图版七，7）。云南省博物馆藏。

此印系云南都督唐继尧所发。唐是云南会泽人，1911 年在昆明参加起义，任新军管带。1912 年率军进占贵阳，称都督。1913 年继蔡锷任云南都督。1927 年被逼去职。此印是唐任云南都督时所颁。

3. 日月山河图案印

象牙象脚鼓状图案圆印。印面直径 4.8 厘米，高 10.8 厘米。印面阴刻日月山河图案。在其印身一侧刻有星点，以示用印位置（图一六二，1）。西双版纳傣族自治州文物管理所藏。

据民国宣慰司署官员刀光强介绍，此印为清代晚期制作之印，是车里宣慰使用印。印的图案即象征河及河中之鱼，山及山上之林，日、月都在宣慰使的管辖之下。车里宣慰使是西双版纳的最高长官和最高领主，傣语称为"召片领"，意为广大土地之主。在这里，一切土地、山林、农田、水都属"召片领"所有。印图案的意义与傣语"召片领"的意义相同。

4. 日月山河图案印

象牙象脚鼓状图案圆印。印面直径 4.8 厘米，高 12.9 厘米。印面阴刻日月山河图案（图一六二，2；图版七，5）。云南省博物馆藏。

据民国宣慰司署官员刀光强介绍，此印为清代晚期制作之印，是车里宣慰使用印。

5. 日月山河图案印

木质四台圆印。印面直径 4.8 厘米、厚 3.5 厘米，通高 5.9 厘米。印面阳刻日月山河图案（图一六二，3）。西双版纳傣族自治州文物管理所藏。

据民国宣慰司署官员刀光强介绍，此印为民国时期制作之印，是车里宣慰使用印。

二 车里宣慰司署四大卡真之一——议事庭用印

6. 管理召景哈土司关防

木质长方坛形印，直纽。印长 9.5 厘米、宽 5.7 厘米，印背长 7.5 厘米、宽 4 厘米，印厚 2.5 厘米。纽呈底方顶圆柱形，高 4.7 厘米。印文左行为"管理召景哈"，右行为左行的反文，中间二行不识，拟押印图案（图一六三，1）。云南省博物馆藏。

据民国宣慰司署官员刀光强介绍，此印为 1943 年以前，宣慰司议事庭庭长用印。

7. 车里宣慰使司议事庭

木质长方坛形印。印长 10.1 厘米、宽 1.7 厘米，印背长 8.6 厘米、印厚 3.8 厘米。无纽。无铭文（图一六三，2）。印文是隶书，阳文刻字。西双版纳傣族自治州文物管理所藏。

据民国宣慰司署官员刀光强介绍，此印为民国末期宣慰使司议事庭衙署用印。

在民国及其以前的西双版纳每一级政权中，都保存有议事机构，讨论决策重大事项。宣慰司署中的议事机构，叫"车里宣慰使司议事庭"，傣语称为"勒司郎"，庭长傣语称为"召景哈"（音译），主持议事庭工作。召景哈是宣慰司署中四大卡贞之一。

勐级的议事机构叫议事会，会长傣语称为"召贯"，或"叭贯"。召火西级的议事机构，其会长由召火西或村寨头人担任。村寨也有议事会。

8. 鹿图案印

木质圆印，直纽。印直径5.5厘米，厚1.8厘米。纽呈方柱形，高2.3厘米，边长1.2厘米（图一六三，3）。云南省博物馆藏。

据民国宣慰司署官员刀光强介绍，此印是民国末期车里宣慰使司四大卡真之一，车里宣慰使司议事庭使用之印。

9. 鹿图案印

木质圆印。图案是阳刻。印直径4.6厘米（图一六三，4）。西双版纳傣族自治州文物管理所藏。

据民国宣慰司署官员刀光强介绍，此印是清末至民国初期，车里宣慰司四大卡真之一，车里宣慰司议事庭长召景哈用印。

三 车里宣慰司署四大卡真之一——第二大臣"怀郎曼凹"（音译）用印

怀郎曼凹是宣慰司署中四大卡贞之一，傣语又称为"都竜告"，其职总揽行政、财政、税收，并统率大小官员。

10. 鹿图案印

木质圆印。印直径5.6厘米（图一六四，1）。西双版纳傣族自治州文物管理所藏。

据民国宣慰司署官员刀光强介绍，此印为民国后期用印。

11. 鹿图案印

木质四台圆印。印直径5.5厘米，通高7.5厘米（图一六四，2）。西双版纳傣族自治州文物管理所藏。

据民国宣慰司署官员刀光强介绍，此印为民国时期怀郎曼凹用印。

12. 狮图案印

木质圆印。直径5.2厘米（图一六四，3）。西双版纳傣族自治州文物管理所藏。

据民国宣慰司署官员刀光强介绍，此印为民国初期用印。

13. "宣慰使第二大臣怀郎曼凹"印

木质长方坛形印。印长 7.7 厘米、宽 4.5 厘米。印文为阳刻傣文，译为"宣慰使第二大臣怀郎曼凹"印（图一六四，4）。西双版纳傣族自治州文物管理所藏。

据民国宣慰司署官员刀光强介绍，此印为民国后期用印。

四　车里宣慰司署四大卡真之一——第三大臣"怀郎曼轰"（音译）用印

14. 狮图案——刀学林印

木质圆印。印面直径 5 厘米，通高 6.5 厘米。印面上是傣文，音译为"召叭竜拉鲊翁沙"，中央是图案狮子，下左侧是汉文行楷书"林印"，下右是汉文行楷书"刀学"（图一六四，5；图版七，1）。云南省博物馆藏。

刀学林是民国人，曾任傣文翻译官，宣慰司秘书长，八卡贞之一召戛，约 1946 年任四卡贞之一怀郎曼轰。1952 年病逝。刀学林是汉名。拉鲊翁沙是法名。傣族男子约 10 岁起，就入寺院念书，因而每人都有一法名。"召叭竜"意指宣慰司的官，泛称司署各大臣（卡贞）。怀郎曼轰掌司法、户籍。此印集姓名、法名、官名为一体，既是官印，又是私印。体现了汉傣文化的交流与融合。

15. 召叭竜拉鲊翁沙印

木质长方坛形印。印长 8 厘米、宽 5.5 厘米。印背长 6 厘米、宽 3.2 厘米。印厚 3.2 厘米。印背四侧刻饰花叶纹，背上近纽处刻"X"号，以示用印位置。纽呈长方棱台形，高 3.2 厘米，纽长面刻饰四叶纹。印文是傣文，音译为"召叭竜拉鲊翁沙"（图一六四，6；图版七，3）。云南省博物馆藏。

"召叭竜拉鲊翁沙"是刀学林的法名，是车里宣慰使司四大卡真之一怀郎曼轰（音译）用印。

五　车里宣慰司署官员八卡真之一——"纳干"（音译）用印

16. 孔雀图案印

木质四台圆印，直纽。印面直径 4.8 厘米、厚 3.1 厘米。纽高 2.2 厘米（图一六五，1；图版七，2）。云南省博物馆藏。

据民国宣慰司署官员刀光强介绍，此印为民国后期，车里宣慰司八卡真之一"纳干"（音译）用印。其职是宣慰使随从、狩猎官，兼收特别税。

17. 召麻哈康塔翁印

木质长方坛形印。印长 7.6 厘米、宽 4.8 厘米。印背长 4.3 厘米，印背宽 2.3 厘米。印厚2.4厘米。纽呈底方顶圆柱形，高3.5厘米。印背上刻"上"字，以示用印位置。印文是傣文，上行译为"召麻哈康塔翁"是谁之法名，不知。下行不识（图一六五，2）。云南省博物馆藏。

据民国宣慰司署官员刀光强介绍，此印与孔雀图案印为一套，是八卡贞之一纳干民国初期用印。

六　车里宣慰司署官员八卡真之一——
"叭竜纳贺"（音译）用印

18. 叭竜纳贺用印

木质长方坛形印。印长6.2厘米、宽4.2厘米。印背四侧刻饰花叶纹（图一六五，5）。西双版纳傣族自治州文物管理所藏。

此印为宣慰司署官员纳贺（音译）用印。纳贺主管内务，还兼枪矛官，并协助收税。最后一任纳贺名刀光强，1918年生，1989年时任西双版纳傣族自治州政治协商委员会委员，历史组副组长，时年71岁。据本人所述，此印为上任传下，制于何时不明。印文不识。据图案推断，似属押印。

七　车里宣慰司署内务官"叭竜谢养"（音译）用印

19. 鹿图案印

木质圆印。印面直径4.1厘米，通高6.6厘米（图一六五，3）。西双版纳傣族自治州文物管理所藏。

据民国宣慰司署官员刀光强介绍，此印是宣慰司署内务官"叭竜谢养"（音译）用印。

八　车里宣慰司署不明官员用印

20. "召叭竜得坝翁沙拉鲜"（音译）印

木质长方坛形印。印长7.6厘米、宽5.3厘米。印文是傣文，音译为"召叭竜得坝翁沙拉鲜"（图一六五，4）。西双版纳傣族自治州文物管理所藏。

召叭竜意为宣慰司署卡贞的泛称（下同），"得坝翁沙拉鲜"是法名，谁之法名不明。据民国宣慰司署官员刀光强介绍，此印为清末至民国初之印。

21. "召叭竜……"印

木质长方坛形印。印长7.7厘米、宽4.6厘米。印背长5.6厘米、宽2.6厘米。印厚2.4厘米。纽是直纽，呈圆柱形，高1.9厘米。印文是傣文，仅识开头"召叭竜"

三字（图一六五，6）。云南省博物馆藏。

据民国宣慰司署官员刀光强介绍，此印为清末至民国初之印。

22. "召叭竜……"印

木质长方坛形印。印长7厘米、宽4.3厘米。印文是傣文，仅识开头"召叭竜"三字（图一六六，1）。西双版纳傣族自治州文物管理所藏。

据民国宣慰司署官员刀光强介绍，此印为清末至民国初之印。

九　车里宣慰司——勐级官员用印

23. 狗图案印——景洪召叭竜办（音译）用印

木质圆印。印直径4.4厘米，通高5.1厘米（图一六六，2）。云南省博物馆藏。

此印为西双版纳勐景洪召勐叭竜办用印。勐景洪为宣慰直属勐，其地当今景洪。召勐叭竜办是勐景洪之头人官名，召勐意为一片地方之主。

24. 狗图案印——勐海顶真议事庭长用印

红砂岩圆印。印身呈六面三台坛形。印面直径5厘米、厚2.3厘米。纽呈六面柱伞顶状，高3.1厘米。印图案是阳刻，中央刻似狗图案，周刻傣文，可识者为上和左二字，音译为"叭贯"，意为勐议事庭长（图一六六，3；图版七，4）。云南省博物馆藏。

据民国宣慰司署官员刀光强介绍，此印是勐海县景真之勐议事庭长用印。

25. 狗图案印——勐版议事庭长用印

木质圆印，直纽。印直径4.4厘米、厚2.6厘米，纽高2.9厘米。印面中央刻似狗图案，周刻傣文，但文字磨损严重，模糊难识（图一六六，4）。云南省博物馆藏。

据民国宣慰司署官员刀光强介绍，此印为勐板议事庭用印。勐板其地当今勐海县勐板乡。

26. 召勐底叭勐如印

木质方印，直纽。印边长5厘米。纽呈圆柱形。印面中央刻似树林图案，下刻谷穗图案，上、左、右刻傣文，音译为"召勐底叭勐如"（图一六六，5）。西双版纳傣族自治州文物管理所藏。

召勐为一勐最高长官官名，傣语意为一片地方之主。勐如是地名，今在境外。

一〇　不识印文、不明官职印

27. 傣文印

木质圆印。印直径4.3厘米。印文为阳刻，但不识（图一六七，1）。西双版纳傣族自治州文物管理所藏。

28. 押印

木质长方印。印长 6 厘米、宽 4 厘米。印文为阳刻，似汉文押印，但不识（图一六七，2）。西双版纳傣族自治州文物管理所藏。

29. 傣文印

木质长方印。印长 7.9 厘米、宽 5 厘米。印文为阳刻，但不识（图一六七，3）。西双版纳傣族自治州文物管理所藏。

30. 傣文印

木质长方印。印长 7.5 厘米、宽 4.9 厘米。印文为阳刻，但不识（图一六七，4）。西双版纳傣族自治州文物管理所藏。

31. 鹿形图案印

木质圆印。印直径 4.5 厘米。印面刻鹿图案（图一六八，1）。西双版纳傣族自治州文物管理所藏。

32. 鹿形图案印

木质圆印。印直径 4.1 厘米。印面刻鹿图案（图一六八，2）。西双版纳傣族自治州文物管理所藏。

33. 鹿形图案印

木质圆印。印直径 4.6 厘米。印面刻鹿图案（图一六八，3）。西双版纳傣族自治州文物管理所藏。

34. 鹿形图案印

木质圆印。印直径 4.4 厘米。印面刻鹿图案（图一六八，4）。西双版纳傣族自治州文物管理所藏。

35. 鹿形图案印

银锡合金圆印。印直径 5 厘米。印面刻鹿图案（图一六八，5）。西双版纳傣族自治州文物管理所藏。

36. 马形图案印

木质圆印。印直径 4.7 厘米。印面刻似马形图案（图一六八，6）。西双版纳傣族自治州文物管理所藏。

37. 鹿形图案印

木质两端圆印。形状呈傣族象脚鼓状，大端印面直径 3.75 厘米，小端印面直径 3 厘米。印面刻鹿图案（图一六九，1）。西双版纳傣族自治州文物管理所藏。

38. 狮形图案印

牙质圆印。印直径 4.3 厘米。印面阴刻似狮形图案（图一六九，2）。西双版纳傣族自治州文物管理所藏。

一一　西双版纳土司印

39. 管理猛笼土把总之关防

铜质长方印，直纽。印长 8.8 厘米、宽 6 厘米。印文是汉文篆书阳刻，右印文与左印文相同（图一六九，3）。印右侧刻楷书铭文"乾隆四十五年三月　日置"，其他铭文锈蚀不明。西双版纳傣族自治州文物管理所藏。

据清朝官印均用满汉文入印，而此印全是汉文，故推测为自制印。

40. 管理猛笼土把总之关防

木质长方印。印长 8.7 厘米、宽 5.9 厘米。此印印身无铭文。印文与铜印同。据此木印是据铜印而作（图一六九，4）。云南省西双版纳傣族自治州文物管理所藏。

勐龙土官姓刀，傣族①。世系，据《新纂云南通志·土司考一·普洱府》载：清雍正七年，叭先从征普思夷民有功，始受土把总，传至刀匾猛，因未能阻截车里宣慰刀维屏挈家潜逃，黜革，以邵庆充补。邵庆无嗣以猛巡土千总刀朗代理。传至叭先竜，以土目刀永和充补。嘉庆七年，永和犯罪潜逃，以土目刀外镇藩充补。传至光绪二年，刀继善袭。自叭先至继善，计传 12 位。

猛笼其地即今西双版纳傣族自治州景洪市勐龙镇。

41. 管理整哈车里辕门土都司刀世良铃记

木质长方坛形印。印长 10.1 厘米、宽 6.3 厘米，印背长 8 厘米、宽 4.4 厘米。纽缺，据印背存纽孔，可知为方柱形。印文为阳文楷书刻字（图一七○，5）。西双版纳傣族自治州文物管理所藏。

据清印制，铃记之印为省布政使司发工匠刻给，此印称铃记，也当是布政使司发给②。

整哈是车里宣慰司属橄榄坝内一大寨子名。车里辕门意即宣慰使直属之意。都司是次于游击的武官。其土官世系未见记载。

42. 云南思茅厅橄榄坝土把总印

木质坛形方印，直纽。印边长 6.5 厘米。印文汉文篆书，阳文刻字（图一七一，3）。西双版纳傣族自治州文物管理所藏。

此印印文字体、印形与"云南思茅厅车里宣慰司之印"同，车里宣慰司之印是民国初期印，故推知此印也是民国初期印。

橄榄坝土官先是喇姓。后是叭姓，其后是刀姓。傣族。《新纂云南通志·土司考四·

---

① 龚荫编著：《明清云南土司通纂》191～192 页，云南民族出版社，1985 年。

② 张德泽编：《清代国家机关考略》61 页，学苑出版社，2001 年。

普洱府》载：橄榄寨土目喇鲊斋，清乾隆三十年，从征普洱逆夷有功，始受。三十九年，以叭龙闲补充。后又以刀太昌补。传至民国九年，刀继宗袭。至此，计传袭了6位。

橄榄坝即今西双版纳傣族自治州景洪市勐罕镇，现也叫橄榄坝。土把总是清代在云南、四川设置的土官官名，民国也沿用。

43. 代办世袭猛海土把总之钤记

木质长方形印。印长 8 厘米、宽 4.7 厘米。印文是汉文篆书，阳文刻字（图一七〇，4）。西双版纳傣族自治州文物管理所藏。

猛海其地即今勐海。何时置土把总、土官世系等情况不明。据印文、印形，比及民国印，此印当属民国印。

44. 整董土司印

（1）管理整董总叭图记

木质长方形印。印长 7 厘米，印宽 4.7 厘米。印左侧边残缺。印文是阳文篆书刻字（图一七〇，3）。西双版纳傣族自治州文物管理所藏。

（2）云南江城整董土署

木质长方形印。印文是汉文隶书，阳文刻字（图一七〇，1）。西双版纳傣族自治州文物管理所藏。

（3）土司召存仁

木质长方形印。印文是汉文行书，阳文刻字（图一七〇，2）。西双版纳傣族自治州文物管理所藏。

此 3 印均是民国时期用印。总叭是傣语，意即召勐（土司、一勐之长）。土署即土司衙门。

整董土司姓召，傣族[①]。据道光《云南志钞·土司志·普洱府》载，宁洱县整董召音，"雍正十年从征普洱、思茅有功，授土把总。传元鼎，有病告休。传于廷玉，道光二年袭"。《新纂云南通志·土司考四·普洱府》载："宁洱县整董土把总……今，土司为召存仁。"自召音至召存仁，可知传袭了 4 位。

整董即今普洱市江城哈尼族彝族自治县整董镇。

45. 云南思茅厅倚邦土把总之印

木质坛形方印，直纽。印边长 6.5 厘米。印文是汉文篆书，阳文刻字（图一七一，2）。西双版纳傣族自治州文物管理所藏。

倚邦土司姓曹，布朗族。据《新纂云南通志·土司考一·普洱府》载：倚邦曹当斋，"清雍正七年从征普思逆夷，杀贼有功，给土千总。乾隆二十二年，军功升守备

---

①　龚荫编著：《明清云南土司通纂》，云南民族出版社，1985 年。

衔。当斋子秀，承袭土把总"。传至道光十五年，曹瞻云袭。计传袭了 7 位。此后未见记载。由此印推知，当传袭至民国。

倚邦其地在今西双版纳傣族自治州勐腊县象明彝族乡倚邦村。

46. 管理乃乃土便委之关防

铜质长方形印。印长 8.5 厘米、宽 5.2 厘米。印文为满汉文篆书。印背右刻楷书铭文"管理乃乃土便委之关防"（图一七一，1）。西双版纳傣族自治州文物管理所藏。

此印印文用满汉两种文字入印，当是清代用印。此印锈蚀较重。乃乃其地已不明。

第四节　红河土司官印①

1. 临安县溪处土司之印

木质方印，直纽。印边长 6.4 厘米、厚 2.6 厘米，纽高 4.8 厘米，底边长 1.7 厘米，顶边长 2.5 厘米。纽顶刻楷书铭文"上"字，以示用印位置。印文是汉文篆书，阳文刻字（图一七二，1；图版八，3）。云南省博物馆藏。

临安仅民国二至三年称县，此印称临安县，当是这段时间用印。临安其地当今建水县。

2. 建水县溪处土司之印

金包木方印，直纽。印边长 6.6 厘米、厚 1.5 厘米。纽呈方柱形，高 7.5 厘米，边长 1.6 厘米。印背镌楷书铭文，背上是"世袭溪"，背右是"处土司"，背下是"赵福星印"，背左是"癸亥年八月十六日启用"（图一七二，2；图版八，1）。云南省博物馆藏。

建水明代为州，清乾隆三十五年改为县，民国二年改为临安县，三年又复名，以后未见改动。明代，溪处为长官司，清为土舍，隶于石屏州。民国初隶于临安县，后改隶于建水县。建水县隶溪处当是从改为临安县时始。据此，此印当是民国印，癸亥年是 1923 年。

溪处土司，始姓束，后姓恩，再后姓赵。和尼人（哈尼族）②。天启《滇志·羁縻志·土司官氏·临安府》载："溪处甸长官司土官束充，和泥人，洪武中归附，授副长官。"道光《云南志钞·土司志上·临安府》载："……以至思思，国朝平滇投诚，仍授世职。康熙四年，附禄昌贤叛，伏诛，以其弟思廉袭，改为土舍。"《新纂云南通志·土司考四·世官一·临安府》载："光绪二年堂侄镇芳袭，十七年赵永康袭。宣统

---

① 萧明华：《云南少数民族官印集》，云南民族出版社，1989 年。

② 龚荫编著：《明清云南土司通纂》80、81 页，云南民族出版社，1985 年。

三年永康妻李氏代办。民国七年赵永兴袭。十七年传至赵其礼。"自束充至赵其礼，计传袭 24 位。长官司印当是束充用印。临安溪处印当是代办李氏用印，建水溪处印当是赵其礼之后赵福星用印。

溪处其地即今红河哈尼族彝族自治州红河县南之石头寨乡。

3. 石屏县思陀土司之印

金包木方印，直纽。印边长 6.3 厘米、厚 2.2 厘米。纽呈竹节形，高 6.7 厘米、直径 1.9 厘米。印文是汉文篆书，阳文刻字。印身无铭文（图一七三，1；图版八，2）。云南省博物馆藏。

《清史稿·地理志》载，明、清，石屏称州。《石屏县志·沿革·土司》载：民国元年，"九月，民国肇兴，滇省改石屏州为石屏县"。此印称县，当是民国印。

思陀土司和泥人，即今哈尼族①。天启《滇志·羁縻志·土司官氏·临安府》载："思陀甸长官司土官遮比，和尼种，洪武中授副长官。遮比传亏习。……宗自传白样。"道光《云南志钞·土司志上·临安府》载："白祥传李秉忠，始姓李。国朝平滇，秉忠投诚，仍授世职。……康熙二十年，以李世克继袭，改为土舍。"《新纂云南通志·土司考四·世官一·临安府》载："今（民国）土司为李呈样。"自遮比至李呈样，计传袭了 15 位。此印当是李呈样用印。

思陀其地即今红河哈尼族彝族自治州红河县乐育乡，辖地包括今天红河县、绿春县大部。

4. 临安县纳楼乐善永顺二里及江外三猛地方土司印

银包木方印，直纽。印边长 6.4 厘米、厚 2.5 厘米。纽失，据印背保存插纽方孔，可知为方柱形直纽。印文是汉文篆书，阳文刻字。印背镌刻楷书铭文，右是"临安县纳楼乐善永顺二里及江外三猛地方土司印"，左是"民国二年九月　日奉"，上是"上"（图一七三，2；图版八，4）。云南省博物馆藏。

明、清，临安称府，治建水。民国二年，始改建水为临安县。此印当是改县后用印。

纳楼土官姓普，天启《滇志》载称罗罗人，即今彝族。因其历史悠久，领地广阔、人口众多，曾与贵州永西土司，武定凤氏土司合称西南三大彝族土司。《新纂云南通志·土司考四·世官一·临安府》载："纳楼茶甸长官司土副长官普永年，其先自唐至元皆为蛮酋。明洪武十五年，金朝兴定云南，司酋普少赏历代印符纳款，授长官司副长官。十七年朝贡，给诰命、冠带遣归。传十一世至普率，率父延兴，崇帧时与土酋普名声构难死，率年八岁，沙定州屡谋害之，赖其母禄氏匿之，于元江得兔。清初平滇投诚，仍授世职。……道光七年，子永年袭。永年卒，子卫邦未及岁亡，土族争袭

① 龚荫编著：《明清云南土司通纂》79、80 页，云南民族出版社，1985 年。

仇杀，光绪中，总督岑毓英、巡抚唐炯奏择亲支分纳楼四土舍承袭。……光绪九年，普文理袭职。二十九年，因案改由普安邦袭。民国四年，安邦赴粤，由普国泰代。十一年，普家福袭。二十六年，普鸿武袭。"自普少赍至普鸿武计传袭了 16 位。据年款推知，此印当是普安邦及其以后所用之印。

光绪九年（1883 年），家族内争袭，云贵总督岑毓英和云南巡抚唐炯奏准朝廷，将纳楼司一分为四，由普氏家族的四个支系承袭，各管两个里，各盖一座衙署，均被冠以"纳楼司署"的名称，称四土舍：普承薪孙普卫本承袭，居吉祥寨，管理乐善里、永顺里；普崇子普文礼承袭，居西底寨，管理安正里、崇道里；普保极子普应元承袭，居官厅寨，管理敦厚里、复盛里；普兴子普应隆承袭，居牛角寨，管理太和里、钦崇里。四个土舍中，以驻官厅的普应元年纪最长，辈分最高。

民国初年（1912 年）改为土知州，纳楼四舍仍被委以土司职位。民国二年（1913 年），授以"临安县纳楼乐善永顺二里及江外三猛地方土司印"。二年后，因新改的县名与浙江的临安县重名，仍改称旧名，另授予"建水县纳楼乐善永顺二里及江外三猛地方兼理崇道安正二里土知州"衙。1916 年，土司普均堂与龙济光勾结，支持袁世凯称帝，发动叛乱，攻打建水城，被护国军击败。云南省政府借机改土归流，除普国泰未参加而保住土司职务外，普均堂是祸首，被革除土司职务，抄没家产，其余两家均陆续改土归流。

纳楼其地即今红河哈尼族彝族自治州建水县坡头乡回新村，此地仍保存纳楼茶甸长官司副长官普氏于清光绪三十三年（1907 年）所建衙署，现为国家级文物保护单位。

纳楼土司辖地号称"三江八里"，三江即元江（红河）、藤条江（贝那大河）、李仙江（小黑江）。八里指复盛里（建水官厅一带）、崇道里（建水坡头一带）、钦崇里（建水陈官、东坝一带）、乐善里（元阳马街一带）、永顺里（元阳乌湾一带）、太和里（元阳牛角寨一带）、敦厚里（元阳新街一带）、安正里（元阳滥衙门以下排沙河一带）。《临安府志》记载："其地东至黑江（李仙江）交趾（越南）界六百里，南至元江直隶州四百里，西至石屏州云台界一百里，北至临安府（建水县城）城南关纸房铺界八十里。"

附录一 南明纪年表

南 明		清	干支纪年	公元纪年
福王朱由崧　弘光元年 唐王朱聿键　隆武元年		顺治 二年	乙酉	1645 年
唐王朱聿鐭　绍武元年	二年	三年	丙戌	1646 年
桂王朱由榔　永历元年		四年	丁亥	1647 年
	二年	五年	戊子	1648 年
	三年	六年	己丑	1649 年
	四年	七年	庚寅	1650 年
	五年	八年	辛卯	1651 年
	六年	九年	壬辰	1652 年
	七年	十年	癸巳	1653 年
	八年	十一年	甲午	1654 年
	九年	十二年	乙未	1655 年
	十年	十三年	丙申	1656 年
	十一年	十四年	丁酉	1657 年
	十二年	十五年	戊戌	1658 年
	十三年	十六年	己亥	1659 年
	十四年	十七年	庚子	1660 年
	十五年	十八年	辛丑	1661 年
	十六年	康熙元年	壬寅	1662 年

附录二　杜文秀大理政权职官表

参考资料：

1. 林荃：《杜文秀起义文物史迹考释》，《云南省博物馆建馆三十周年纪念文集》。

2. 杨光楣：《杜文秀大理政权职官制度初探》，《民族学报》1981 年 1 期。

3. 荆德新编：《云南回民起义史料》及所见官印。

附录三　杜文秀大理政权纪年表

杜文秀大理政权纪年	清　纪　年		公元纪年
丙辰年	咸丰	六年	1856 年
丁巳年		七年	1857 年
戊午年		八年	1858 年
己未年		九年	1859 年
庚申年		十年	1860 年
辛酉年		十一年	1861 年
壬戌年	同治	元年	1862 年
癸亥年		二年	1863 年
甲子年		三年	1864 年
乙丑年		四年	1865 年
丙寅年		五年	1866 年
丁卯年		六年	1867 年
戊辰年		七年	1868 年
己巳年		八年	1869 年
庚午年		九年	1870 年
辛未年		十年	1871 年
壬申年		十一年	1872 年

注：杜文秀大理政权纪年自 1856 年九月攻占大理，杜文秀为"总统兵马大元帅"始，至 1872 年 12 月大理被克，杜文秀以身殉职终。

参考资料：

1. 所见官印。

2. 荆德新编：《云南回民起义史料》，云南民族出版社，1986 年。

附图

1.滇王之印

2.楪榆长印

3.楪榆右尉

4.汉叟邑长

5.遂久令印

6.南夷长史

7.牙门将印

8.存騏左尉

9.益州太守章

10.同并尉印

11.南广尉印

12.三绛尉印

13.遂久右尉

14.朱提长印

图二

1.云南安抚使印
（封泥拓片）

2.大理国督爽印
（印戳）

3.勐遮甸军民官印

1.曲靖卫指挥使司经历司之印

2.大理卫中千户所管军印

楚雄卫后千户所百户印

大理卫指挥使司经历司之印

大理卫右千户所百户印

大理卫前千户所百户印

图八

大理卫后千户所百户印

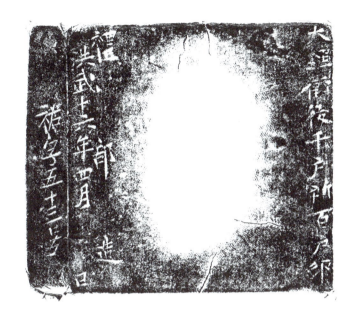

大理卫后千户所百户印

大理卫中左千户所百户之印

大理卫中左千户所百户之印

大理卫中左千户所百户之印

大理卫中右千户所百户之印

大理卫中右千户所百户之印

大理卫中前千户所百户之印

大理卫左前千户所百户之印

大理卫太和千户所百户之印

1.赵州僧正司记   2.邓川州驿记

1.溪处甸长官司印

2.様备驿记

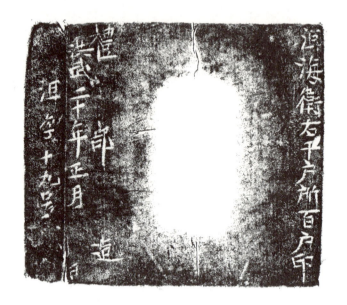

洱海卫右千户所百户印

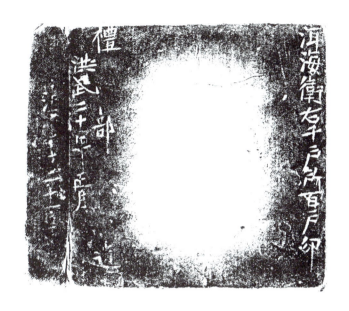

洱海卫右千户所百户印

洱海卫前千户所百户印

1.洱海卫右千户所百户印

2.蒙化卫左千户所百户印

蒙化卫左千户所百户印

蒙化卫右千户所百户印

图二六

蒙化卫中千户所百户印

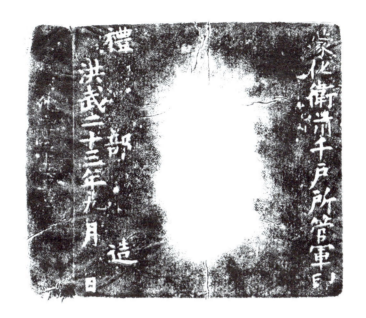

蒙化卫前千户所管军印

图二八

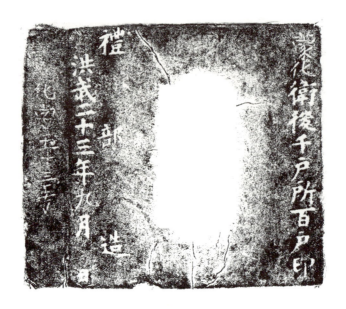

蒙化卫后千户所百户印

蒙化卫中左千户所百户之印

蒙化卫中右千户所百户之印

　　　　　　　　　　　　　　　　　　　　　図三一

蒙化卫中前千户所百户之印

澜沧卫军民指挥使司左千户所百户印

澜沧卫军民指挥使司右千户所百户印

澜沧卫军民指挥使司前千户所百户印

澜沧卫军民指挥使司后千户所百户印

图三六

1.木邦军民宣慰使司印

2.元江军民府印

1.大罗卫右千户所管军印

2.大罗卫左千户所百户印

图三八

大罗卫左千户所百户印

大罗卫右千户所百户印

大罗卫右千户所百户印

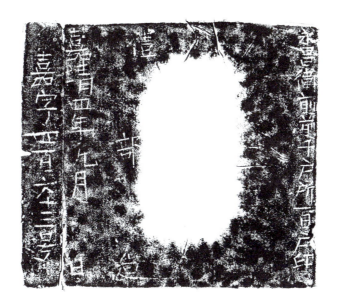

永昌卫前前千户所百户印

1.云南前卫后千户所百户之印

2.云南前卫左千户所百户之印

1.太平府印

2.宾州之印

图四四

敕命之宝

1.宝山州印

2.寻甸军民府印

1.岩上岩下长官司之印

2.临安府纳楼茶甸世袭九表官司普关防

1.总督旗鼓关防

2.勇卫前营总兵官关防

1.驻镇修文总兵关防

2.宣谕滇藩联络

勋镇礼科关防

1.蜀府审理所印

2.平北右将军下中军关防

图五〇

定朔左将军下中军关防

镇朔坐营总兵关防

图五二

1.镇朔左将军下旗鼓关防

2.巩国爵标中军总兵关防

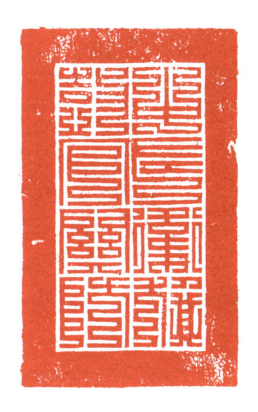

1.中左卫旗鼓官关防

2.中右卫旗鼓官关防

图五四

1.巴松驿条记

2.乐腰驿条记

1.南路提塘游击关防

2.沅州之印

图五六

1.安顺军民府理刑厅关防

2.石柱宣慰司经历司印

1.建武安边同知关防

2.庆远府经历司印

敷勇卫经历司印

1.靖州卫经历司印

2.贵州卫经历司印

宜山县印

1.思恩府经历司印

2.河池州儒学记

于襄守御千户所之印

2.平头守备关防

1.武缘县儒学记

3.广顺州儒学记

1.武岗州儒学记

2.会同县儒学记

3.珙县儒学条记

4.清平卫儒学记

巩中司总兵官关防

1.贵州丰济仓印

2.柳州府理刑厅关防

1.联络直浙关防

2.监督工程分司关防

1 贵州道监察御史之印

2.联络川秦关防

3.征调汉土关防

蔺州宣抚司印

图七〇

1.征蛮坐营旗鼓关防

2.毕节卫左千户所之印

1.落台驿记

2.征蛮前营后协副将关防

图七二

1.征蛮右营旗鼓关防

2.征蛮右营左协副将关防

1.征蛮右营后协副将关防

2.总理四川盐法税课副将关防

图七四

镇黔将军之印

1.礼仪房提督关防

2.孟琏宣抚司印

1.宜良县印

2.禄丰县印

1.元谋县印

2.元谋县儒学记

图七八

剑川州印

1.普洱府印

2.普洱府儒学印

图八〇

1.分驻思茅厅巡检兼管司狱印

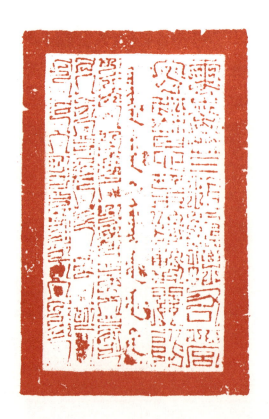

2.云南普洱镇标右营分驻思茅游击关防

1.澄江府儒学印

2.云南澄江营游击之关防

图八二

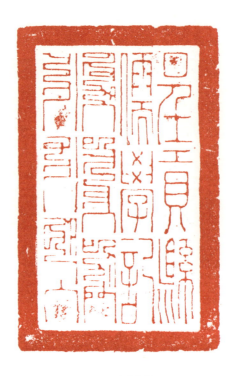

1.呈贡县儒学记

2.河阳县儒学记

1.丽江府儒学印

2.丽江县儒学记

1.保山县儒学记

2.保山县印

1.白盐井儒学记

2.云南按察使司司狱司印

1.云南布政使司济用库印

2.云南提学使司之印

1.云南省巡警道关防

2.云南府经历司印

云南提督总兵官印

1.云南提标右营游击关防

2.云南提标左营游击关防

图九〇

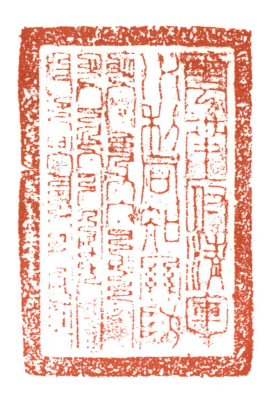

1.云南府清军水利同知关防

2.镇雄州印

1.镇雄州儒学记

2.镇雄州母亭巡检司之印

图九二

1.镇雄州分防彝良州同关防

2.云南镇雄营分驻奎乡右军守备关防

1.云南广南营参将关防

2.广南府分防普厅塘经历之印

图九四

1.云南临元镇前营游击之关防

2.云南昭通镇标前营分驻鲁
　甸中军守备关防

1.云南昭通镇标前营
　分驻凉山游击关防

2.云南昭通镇标右营
　分驻永善县游击关防

1.云南昭通镇标右营分驻吞都中军守备关防

2.曲江巡检司印

1.施甸巡检司印

2.潞江安抚司印

图九八

1.南甸宣抚司印

2.南甸宣抚司印

1.勐卯安抚司印

2.孟定府印

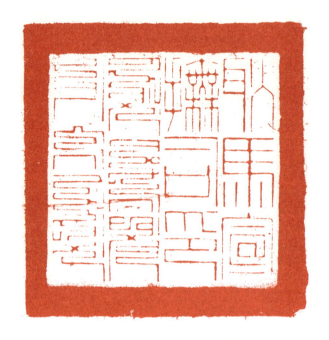

1.耿马宣抚司印

2.云南东川营分驻巧家右军守备关防

1.云南分巡迤西兵备兼管水利道之关防

2.分驻龙陵厅巡检兼管司狱印

1.云南龙陵营参将之关防

2.鹤庆州印

鹤庆州儒学记

1.建水县印

2.云南曲寻副将关防

1.云南曲寻协左营分驻寻甸汛守备关防

2.云南曲寻协右营分驻罗平汛守备关防

1.云南永北营参将之关防

2.云南永北营分驻阿
喇山右军守备关防

1.永北直隶厅经历印

2.云南添设分防永北直隶厅华荣庄经历印

图一〇八

1.云南腾越永昌龙陵
顺云等处总兵官之关防

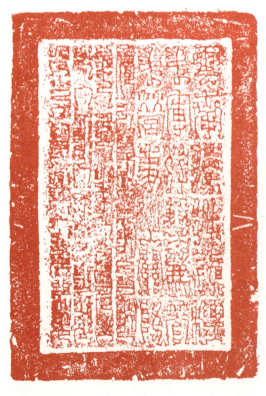

2.云南腾越镇标中军
游击兼管中管事之关防

1.云南腾越镇标中军游击关防

2.云南永昌协副将之关防

图一一〇

1.云南永昌协副将之关防

2.永昌府腾越厅同知关防

1.云南顺云协分驻顺宁左营守备之条记

2.云南顺云协分驻锡腊右营守备之条记

1.云南景蒙营游击之关防

2.云南景蒙营游击之关防

1.云南广西营游击之关防

2.云南威远营参将之关防

1.云南威远营左军守备之关防

2.云南威远营参将之关防

1.昆明县印

2.顺宁县印

1.顺宁县儒学记

2.顺宁县儒学记

1.宁洱县印

2.镇沅直隶厅儒学记

图一一八

1.云南元新营参将之关防

2.云南元新营分驻
新平右营守备关防

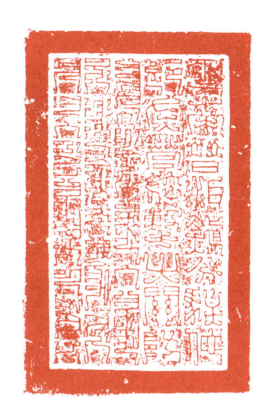

1.云南普洱镇分驻他
郎左营游击之关防

2.他郎厅儒学记

1.云南楚雄协副将之关防

2.广通县儒学记

1.云南鹤丽镇标中军游击关防

2.云南维西协右营守备之条记

图一二二

1.云南武定营参将之关防

2.邓川州儒学记

1. 云南开化镇后
   营游击之关防

2. 云南开化镇中营分
   防马白关游击关防

1.世袭镇康州知州印

2.黑盐井儒学记

1.宾川州印

2.总统兵马大元帅杜印

东路前将军篆

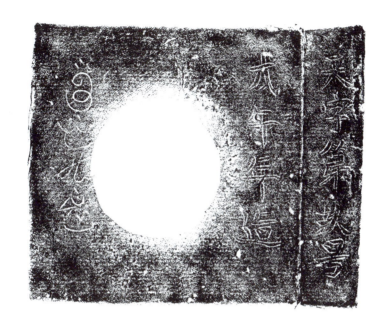

都督之篆

1.都督之篆

2.都督之篆

都督之篆

都督之篆

行营冀长之篆

行营冀长之篆

1.行营冀长之篆

2.蒙化世袭抚夷知府之篆

□□后将军篆

世袭永北北胜州土知州之篆

1.承审司篆

2.右厢左领军篆

1.行营监军之篆

2.行营监军之篆

参谋之篆

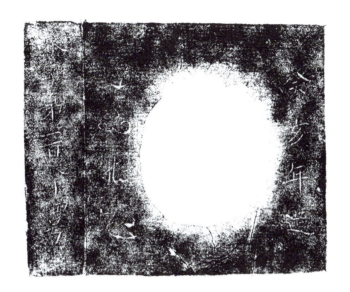

参谋之篆

后丞右将军篆

都指挥篆

智勇后先锋篆

左厢左领军篆

左厢前领军篆

世袭领军之篆

世袭领军之篆

1.世袭领军之篆

2.左阵右冠军篆

车骑右将军篆

中卫先锋之篆

1.靖西后将军篆

2.世袭耿马抚夷都督之篆

1.世袭勐班都督之篆

2.定南后参军篆

护军前将军篆

都掌教篆

都掌教典籍篆

左帅前参军篆

1.干城后将军篆

2.南军后参军篆

1.中军前参军篆

2.中郎将篆

1.中郎将篆

2.中郎将篆

1.杲毅将军之篆

2.吏科参军之篆

1.英敏将军之篆

2.威略将军之篆

1.车里宣慰司印

2.云南思茅厅车里宣慰司之印

1.日月山河图案印

2.日月山河图案印

3.日月山河图案印

1.管理召景哈土司关防

2.车里宣慰使司议事庭

3.鹿图案印

4.鹿图案印

1.鹿图案印

2.鹿图案印

3.狮图案印

4."宣慰使第二大臣怀郎曼凹"印（傣文）

5.刀学林印

6.召叭竜拉鲊翁沙印

1.孔雀图案印

2.召麻哈康塔翁印

3.鹿图案印

4."召叭竜得坝翁沙拉鲊"印

5.叭竜纳贺用印

6."召叭竜……"印

1."召叭竜……"印

2.狗图案印

3.狗图案——叭贯印

4.狗图案印

5.召勐底叭勐如印

1.傣文印

2.押印

3.傣文印

4.傣文印

1.鹿形图案印

2.鹿形图案印

3.鹿形图案印

4.鹿形图案印

5.鹿形图案印

6.马形图案印

1.鹿形图案印

2.狮形图案印

3.管理猛笼土把总之关防

4.管理猛笼土把总之关防

图一七〇

1. 云南江城
   整董土署

2. 土司召存仁

3. 管理整董总叭图记

4. 代办世袭猛海土
   把总之钤记

5. 管理整哈车里辕门
   土都司刀世良钤记

2.云南思茅厅倚邦土把总之印

1.管理乃乃土便委之关防

3.云南思茅厅橄榄坝土把总印

1.临安县溪处土司之印

2.建水县溪处土司之印

1.石屏县思陀土司之印

2.临安县纳楼乐善永顺二里及江外三猛地方土司印

后 记

　　云南古代官印既是中国云南政治建制历史发展线条的物化表现，又是一部文字篆刻艺术的篇章；既是历代中央王朝对云南边疆地区管理的物证，又是文物鉴定、篆刻艺术、考古、历史、文物、文献、历史地理等研究的重要资料。为此，将三十年来陆续收集的云南古代官印和云南出土的官印，按其年代先后顺序，并按地域相对集中，融入已有的研究成果，拙就此书。书中不免有疏漏和不尽意的地方，敬请批评指正。

　　本书所使用的印文及拓片在收集和拓印过程中，得到了官印收藏单位和原收藏单位的支持与理解。在此书出版之际，特对此书提供过支持和帮助的单位和个人一并表示最诚挚的感谢！

作　者

2013 年 3 月 10 日于昆明